Mein Name: _____

1 Welche Wörter klingen am Anfang gleich? Verbinde.

    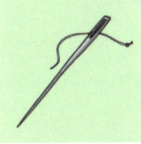 

   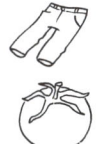 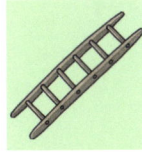 

2 Welche Wörter klingen am Anfang wie das Wort auf dem grünen Feld? Male sie an.

  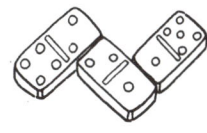   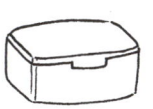

 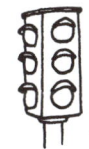    

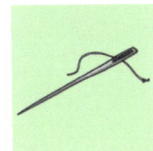     

1

Mein Name: _____

1 Suche das Bild auf deiner Schreibtabelle. Welche Buchstaben stehen daneben?
Verbinde Bild und Buchstaben.

★ Suche das Bild auf deiner Schreibtabelle. Welche Buchstaben stehen daneben?
Schreibe die passenden Buchstaben zum Bild.

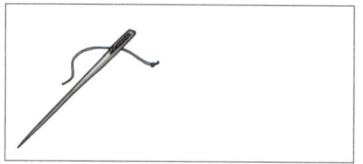

2

Mein Name: _____

1 Welche Wörter klingen am Anfang gleich? Verbinde.

2 Suche das Bild auf deiner Schreibtabelle. Welche Buchstaben stehen daneben?
Verbinde Bild und Buchstaben.

★ Schreibe die Buchstaben daneben.

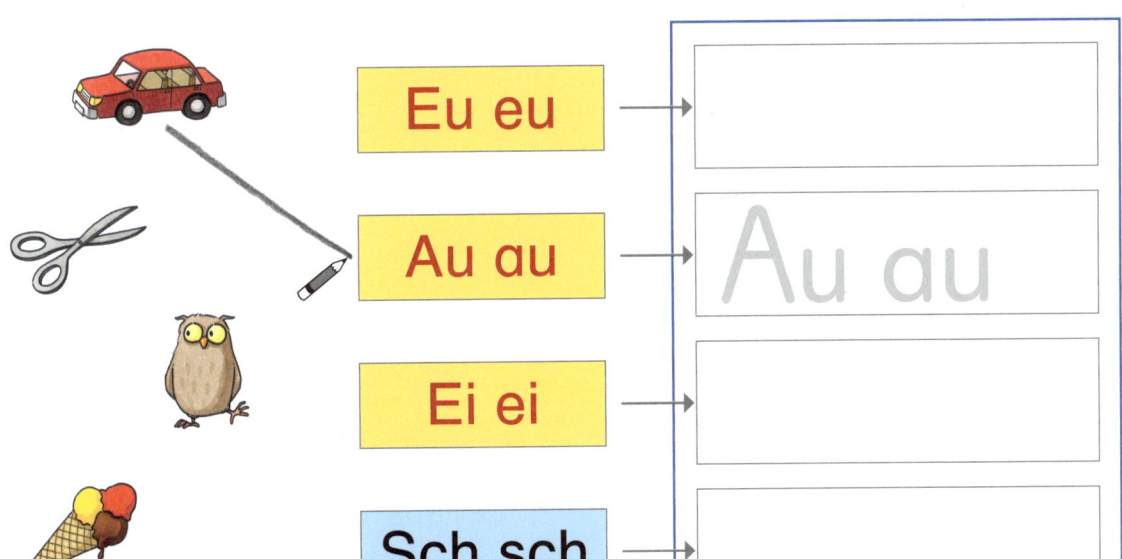

Eu eu

Au au → Au au

Ei ei

Sch sch

3 Verbinde die Bilder mit den passenden Anfangsbuchstaben.

M A S O I W N D E U T L

3

Mein Name:

1 Sprich jedes Wort zum Anlautbild deutlich.

Schreibe die passenden Buchstaben unter die Anlautbilder. Kannst du das Wort lesen?

O M A

2 Sprich jedes Wort deutlich. Zeichne für jeden Laut einen Punkt.

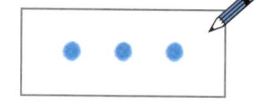

Sprich jedes Wort deutlich. Zeichne für jeden Laut einen Punkt.

Schreibe zu jedem Laut den passenden Buchstaben.

AST

4

Mein Name: _____

© 2014 Oldenbourg Schulbuchverlag, München. Alle Rechte vorbehalten

1 Sprich jedes Wort deutlich. Schreibe Laut für Laut.
Schreibe die passenden Buchstaben unter die Anlautbilder. Kannst du das Wort lesen?

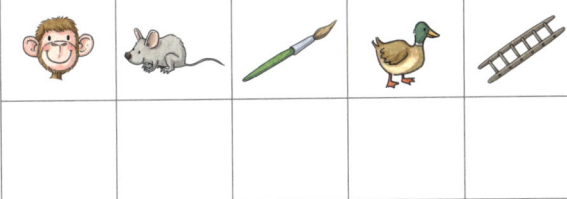

2 Sprich jedes Wort deutlich. Zeichne für jeden Laut einen Punkt.
Schreibe zu jedem Laut den passenden Buchstaben.

SALAT

★ Sprich jedes Wort deutlich. Schreibe für jeden Laut den passenden Buchstaben.

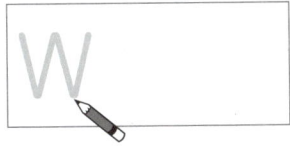
W

Mein Name: _____

1 Sprich jedes Wort deutlich. Schwinge die Silben. Zeichne die Silbenbögen.

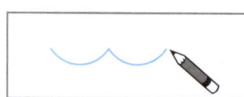   

2 Schwinge die Silben. Was gehört in welche Kiste? Verbinde.

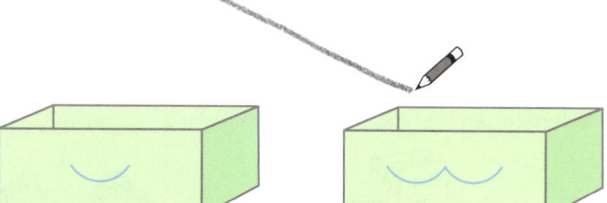

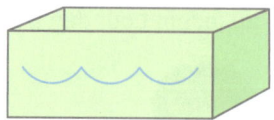

★ Sprich die Wörter deutlich. Schwinge die Silben. Markiere **a , e , i , o , u** .

 Mimi   Wal

 Nadel

 Hose  Blume

M m

Mein Name: _____

1 Sprich jedes Wort deutlich. Wo hörst du **M m** ? Kreise diese Dinge ein oder male sie an.

2 Male die Felder mit  **M** grau an. Male die Felder mit  **m** rot an.

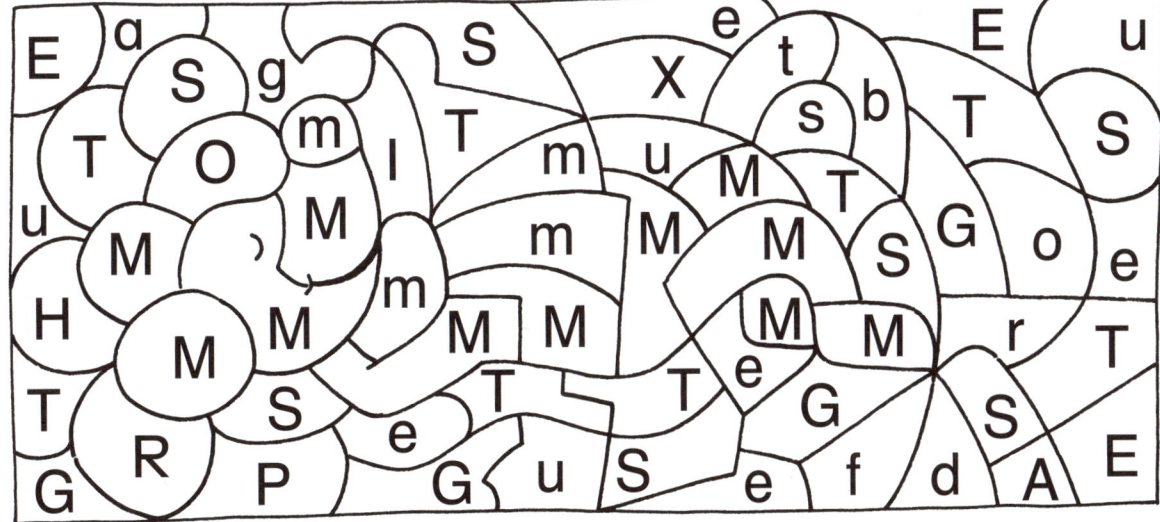

3 Schwinge die Silben und zeichne die Silbenbögen.

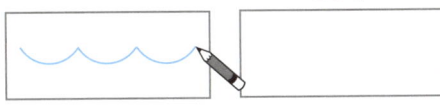   

M m

Mein Name:

1 Zeichne Muster wie Mimi auf die Schultüten.

2 Schreibe **M** in den Rahmen.

3 Fahre **M** mit verschiedenen Farben nach. Schreibe **M** daneben.

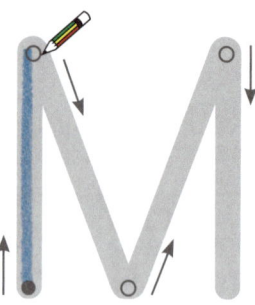 

4 Schreibe **M**.

M m

Mein Name: _____

 1 Fahre die Sprungbewegungen mit farbigen Stiften nach.

 2 Fahre **m** mit verschiedenen Farben nach.

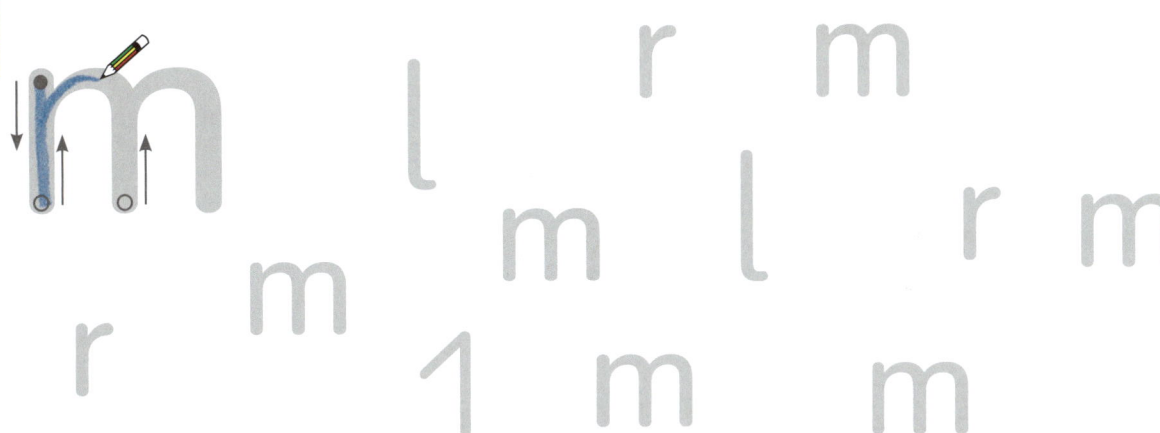

 3 Schreibe **m**.

 ✱ Schreibe eigene Wörter mit **M** oder **m.**

Mama

A a

Mein Name: _____

1 Sprich jedes Wort deutlich. Wo hörst du **A a**? Kreuze diese Bilder an.

★ Sprecht die Wörter von oben und unten hintereinander. Was fällt euch auf?

2 Male die Felder mit **A** grün an.

Male die Felder mit **a** braun an.

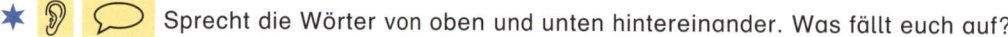

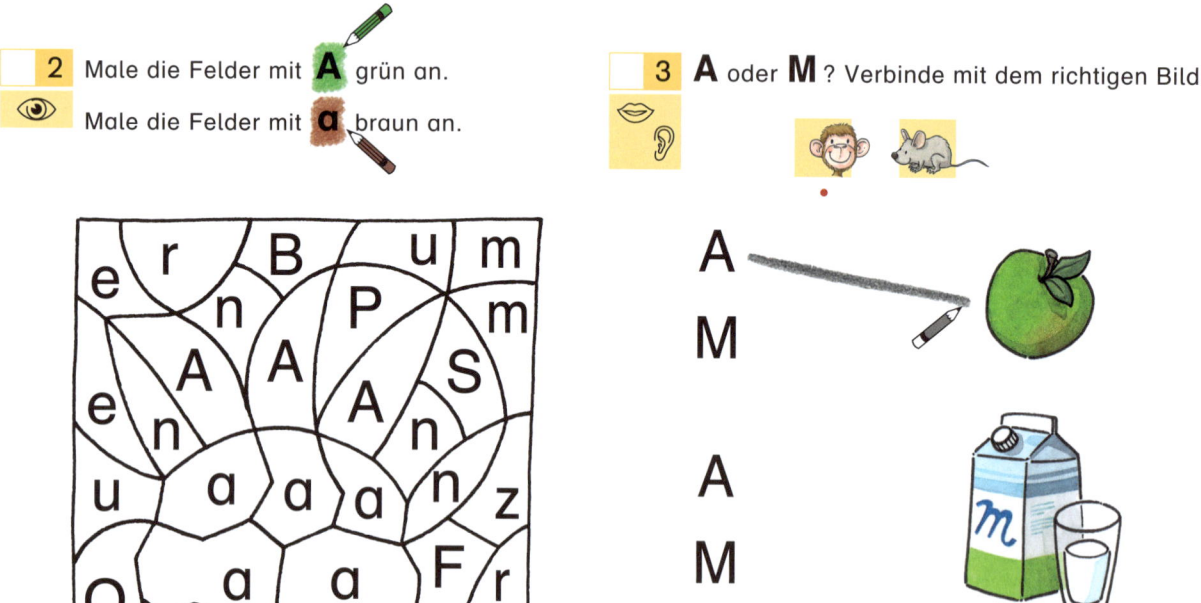

3 **A** oder **M**? Verbinde mit dem richtigen Bild.

★ Sprich jedes Wort deutlich. Zeichne für jeden Laut einen Punkt. ★ Schreibe die Wörter ins Heft.

A a

Mein Name: _____

1 Laufe wie Mimi mit deinem Stift hinauf und hinunter. Nimm viele bunte Farben.

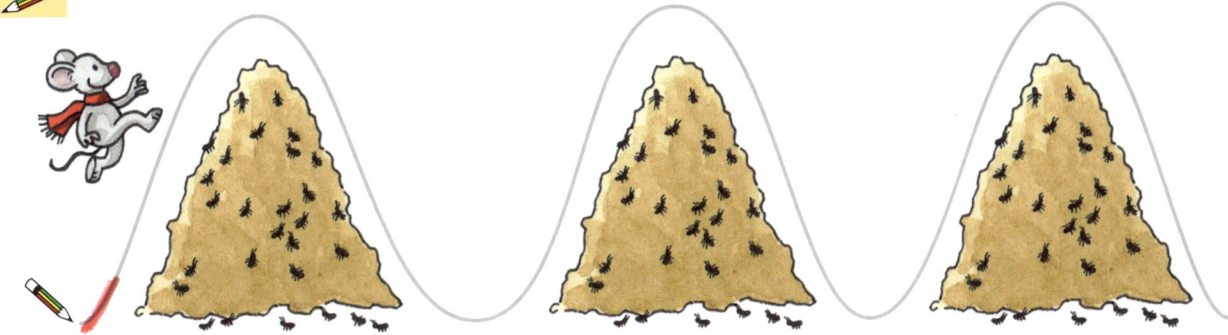

2 Schreibe die Reihe zu Ende.

3 Fahre **A** mit verschiedenen Farben nach. Schreibe **A** daneben.

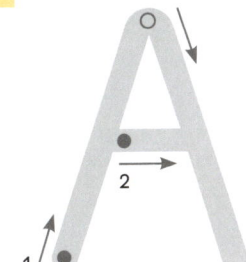

4 Schreibe.

A a

Mein Name: _____

 1 Zeichne die Aprikosen fertig.

 2 Fahre **a** mit verschiedenen Farben nach. Schreibe **a** daneben.

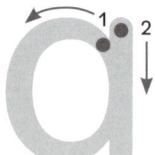

a

 **3** Schreibe.

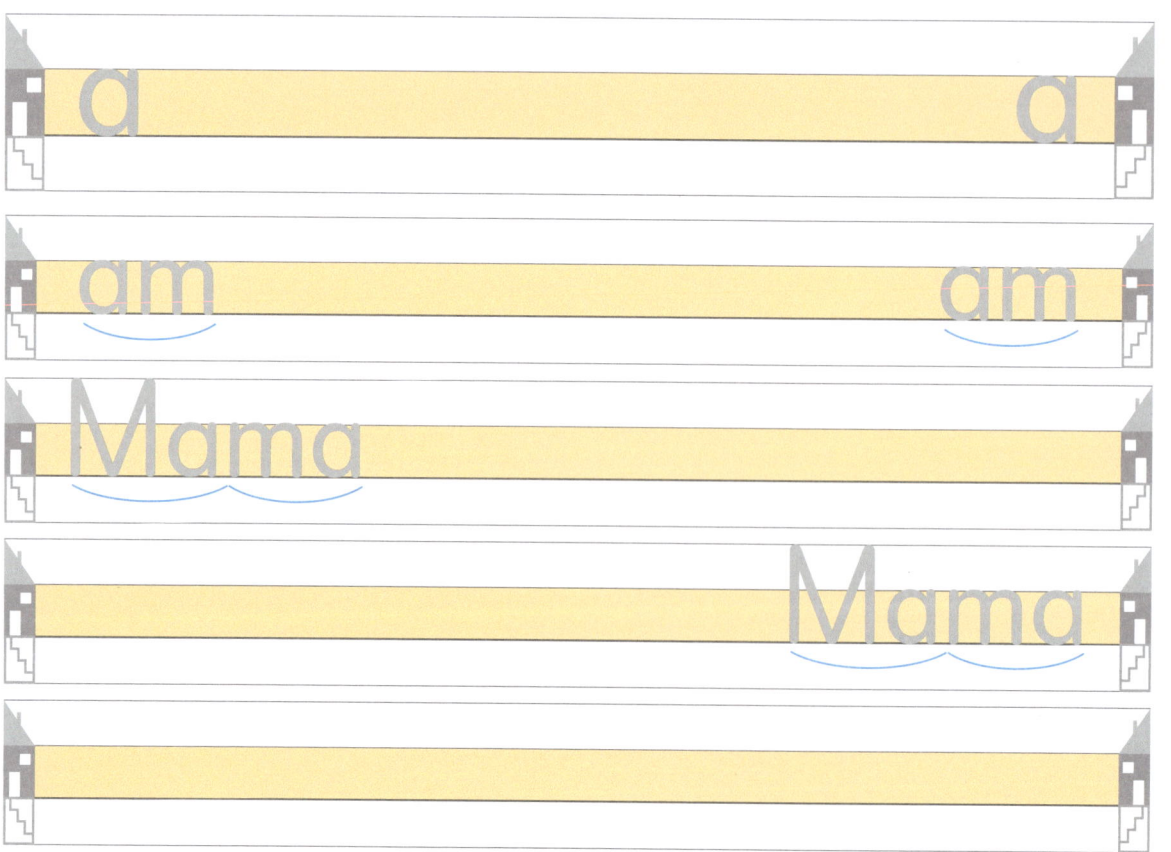

I i

Mein Name:

1 Sprich jedes Wort deutlich. Wo hörst du **I i**? Kreuze diese Bilder an.

2 Male die Felder mit **I** grün aus.
Male die Felder mit **i** grau aus.

3 **A** oder **I**? Verbinde mit dem richtigen Bild.

I
A
I
A
I
A

4 Schwinge die Silben und zeichne Silbenbögen.

5 Lies die Wörter. Markiere alle **I i**.

Mami   am   im   Mimi

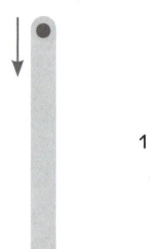

Mein Name:

1 Fahre I und i mit verschiedenen Farben nach. Schreibe I und i daneben.

2 Schreibe.

im

Mimi

★ Schreibe eigene Wörter mit I oder i.

Mimi

Mein Name: _____

1 Lies zuerst die Wörter und die Silben. Verbinde dann die passenden Silben mit dem Bild.

Mimi	Mami

Mi	mi

Ma	mi

M	i	m	i

M	a	m	i

Ma

Mi

mi

Ma

Mi

mi

2 Ergänze **im** oder **am**.

im   am

im _____   _____   _____

_____   _____   _____

3 Was passt zu den Bildern? Schreibe Sätze. ★ Schreibe die Sätze vollständig ins Heft.

Mimi ist am _____

_____ ist _____

_____ ist _____

_____ ist _____

O o

1 Sprich jedes Wort deutlich. Wo hörst du **O o**? Kreuze diese Bilder an.

2 Auf welchen Ballons siehst du ein **O**? Male nur diese Ballons an.

Omi
Oma

3 Welches Wort passt zu welchem Bild? Verbinde.

Mimi   Mama   Oma   Dino

4 Sprich jedes Wort deutlich. Zeichne für jeden Laut einen Punkt. ★ Schreibe die Wörter ins Heft.

O o

Mein Name: _____

1 Mimi fährt im Kreis. Zeichne die Spur mit verschiedenen Farben nach. Sprich dazu: Rundherum.

Rundherum!

 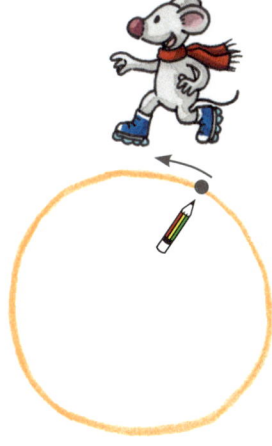

2 Fahre **O** und **o** mit verschiedenen Farben nach. Schreibe **O** und **o** daneben.

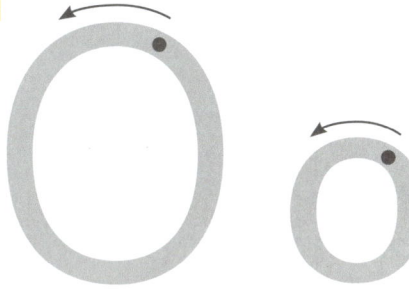

3 Schreibe.

O o

1 Sprich jedes Wort deutlich. An welcher Stelle hörst du **O o** ? Kreuze an.

Hörst du **O o** am Anfang, kreuze das erste Kästchen an.

Hörst du **O o** im Wort, kreuze das mittlere Kästchen an.

Hörst du **O o** am Ende, kreuze das letzte Kästchen an.

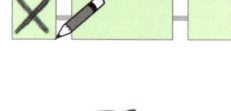

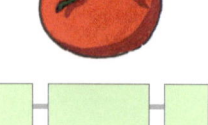
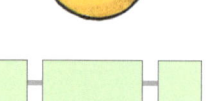

2 Was hörst du am Anfang? Schau in der Schreibtabelle nach und schreibe auf.
Kannst du das Wort lesen? Verbinde mit dem richtigen Bild.

★ Was würdet ihr eurer Oma von Mimi erzählen? Überlegt gemeinsam. Schreibe oder male.

L l

1 Sprich jedes Wort deutlich. An welcher Stelle hörst du L l? Kreuze an.

2 Male die Felder mit L rot aus.

Male die Felder mit 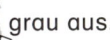 l grau aus.

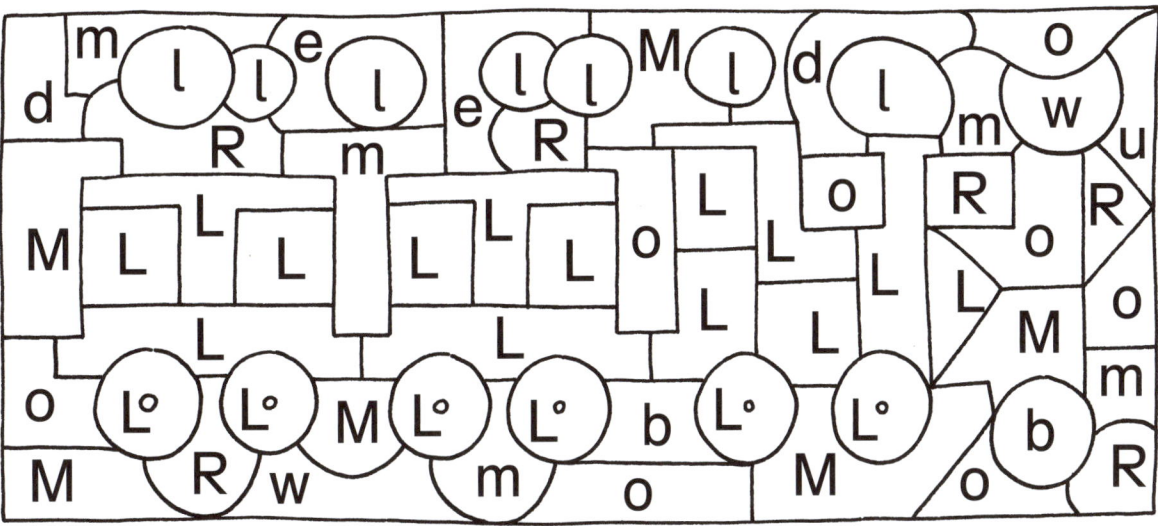

3 Schwinge die Silben und zeichne die Silbenbögen. ★ Schreibe die Wörter in dein Heft.

4 Lies die Wörter und kreise die Wörter mit L l ein.

Oma   Lama   lila   Mimi   Lamm

L l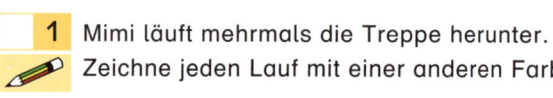

1 Mimi läuft mehrmals die Treppe herunter.
Zeichne jeden Lauf mit einer anderen Farbe.

2 Fahre **L** mit verschiedenen Farben nach.
Schreibe **L** daneben.

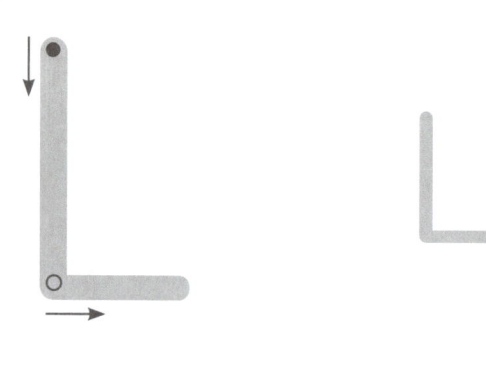

3 Schreibe.

Lama   Lama

4 Fahre **l** mit verschiedenen Farben nach. Schreibe **l** daneben.

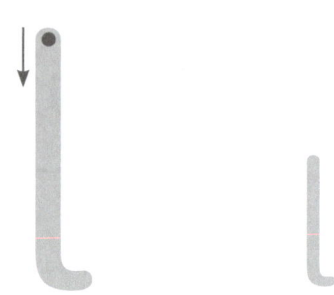

5 Schreibe.

lila   lila

L l

Mein Name: _____

1 Lies zuerst die Wörter und die Silben. Verbinde dann die Silben mit dem passenden Bild.

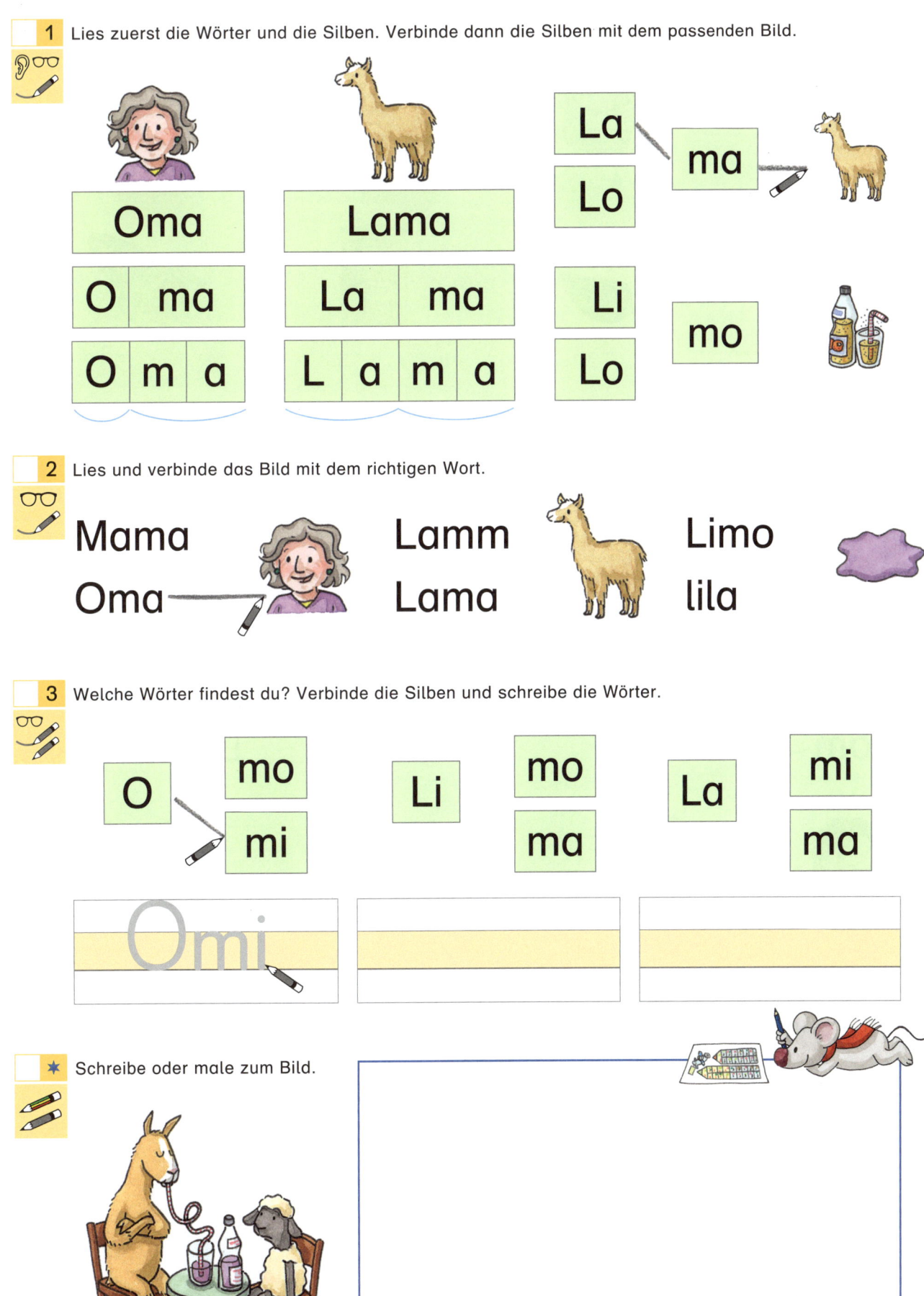

2 Lies und verbinde das Bild mit dem richtigen Wort.

Mama
Oma

Lamm
Lama

Limo
lila

3 Welche Wörter findest du? Verbinde die Silben und schreibe die Wörter.

O — mo / mi

Li — mo / ma

La — mi / ma

Omi

★ Schreibe oder male zum Bild.

21

T t

1 Sprich jedes Wort deutlich. An welcher Stelle hörst du **T t**? Kreuze an.

☒ ▢ ▢   ▢ ▢ ▢   ▢ ▢ ▢   ▢ ▢ ▢

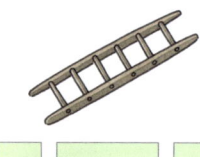   

▢ ▢ ▢   ▢ ▢ ▢   ▢ ▢ ▢   ▢ ▢ ▢

2 In welchen Feldern findest du ein **T** oder **t**? Male nur diese Felder aus.

T	L	T	A	M	T	T	I	T
t	t	l	i	t	t	i	l	t

3 Lies die Wörter. Welches Wort passt zu welchem Bild? Verbinde.

Tom   Timo   Lotta   Lama

4 Sprich jedes Wort deutlich. Zeichne für jeden Laut einen Punkt.

● ● ●

★ Schreibe drei oder vier Wörter hier auf.

T t

Mein Name: _____

1 Fahre **T t** mit verschiedenen Farben nach. Schreibe **T t** daneben.

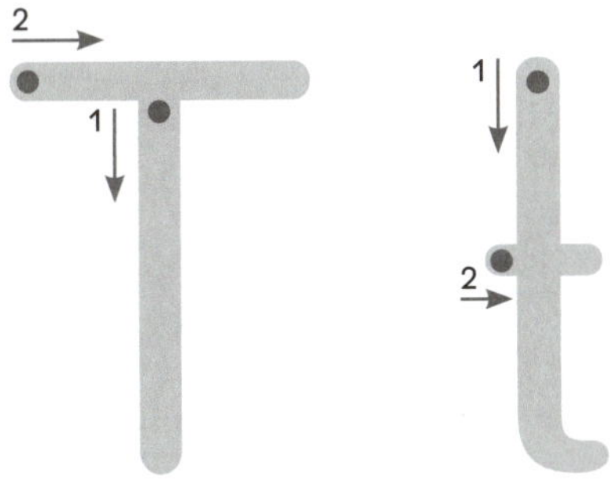

2 Schreibe.

T　　　　　　　　　　　　　　　　T

Tom　　　　　　　　　　　　Tom

Tal　　　　　　　　　　　　　Tal

3 Schreibe.

t　　　　　　　　　　　　　　　　t

toll　　　　　　　　　　　　　toll

alt　　　　　　　　　　　　　　alt

malt　　　　　　　　　　　　malt

Mein Name: _____

1 Lies die Sätze. Male dazu.

Mia malt Mama.   Tom malt Mimi lila.

2 Lies die Sätze. Welcher Satz passt zum Bild? Kreuze an.

☐ Mia malt.

☐ Timo malt.

☐ Timo malt Mimi mit Oma.

☐ Mimi malt Tom mit Mia.

3 Lest verschiedene Sätze. Schreibe zwei Sätze auf. Überlegt: Wie viele Sätze könnt ihr bilden?

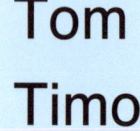

Tom
Timo

 **malt**

Mimi.
Oma mit Mama.

Tom malt

Mein Name: _____

1 Sprich jedes Wort deutlich. An welcher Stelle hörst du **R r**? Kreuze an.

2 Male die Felder mit **R** rot aus.

Male die Felder mit **r** blau aus.

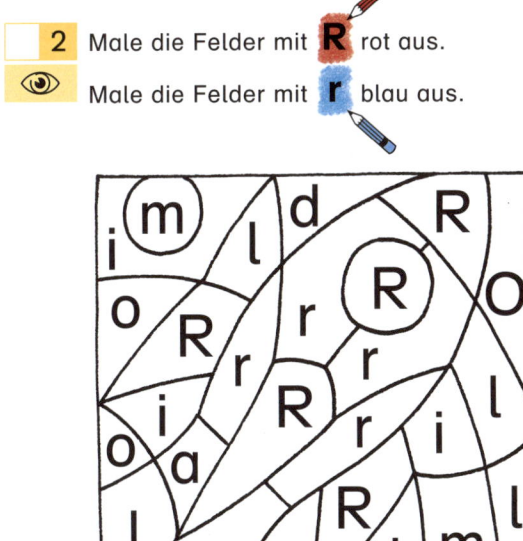

3 Lies und verbinde mit der richtigen Farbe.

rot

lila

4 Lies die Sätze. Male dazu.

Tom ist am Tor.

Mia malt mit Rot.

R r

1 Zeichne allen Männern einen Rucksack.

2 Fahre **R** und **r** mit verschiedenen Farben nach. Schreibe **R** und **r** daneben.

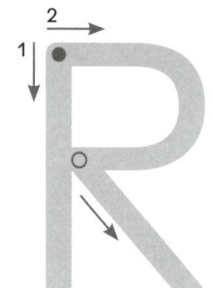 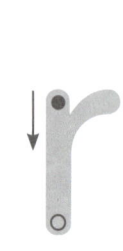  

3 Schreibe.

26

© 2014 Oldenbourg Schulbuchverlag, München. Alle Rechte vorbehalten

R r

1 Was hörst du am Anfang? Schau in der Schreibtabelle nach und schreibe auf.

Kannst du das Wort lesen? Verbinde es mit dem richtigen Bild.

2 Sprich die Wörter. Schreibe die erste Silbe neben die Bilder.

★ Du kannst die Wörter auch zu Ende schreiben.

Ra

 ★ Dichte mit einem Partnerkind einen Zauberspruch. Schreibe ihn auf.

Roma roma romi

27

S s

Mein Name: _____

1 Sprich jedes Wort deutlich. An welcher Stelle hörst du **S s**? Kreuze an.

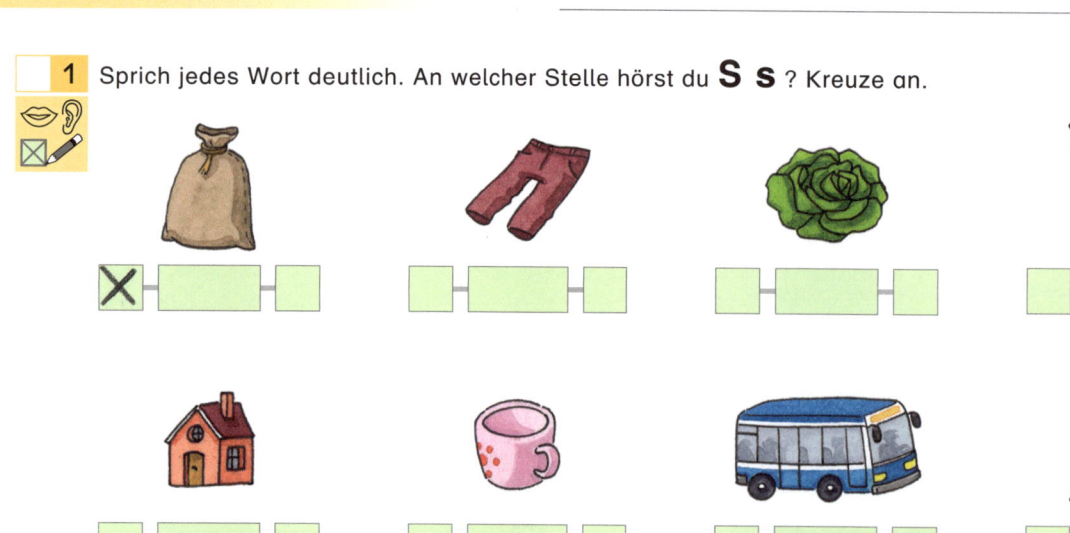

2 Male die Felder mit **S** oder **s** braun an.

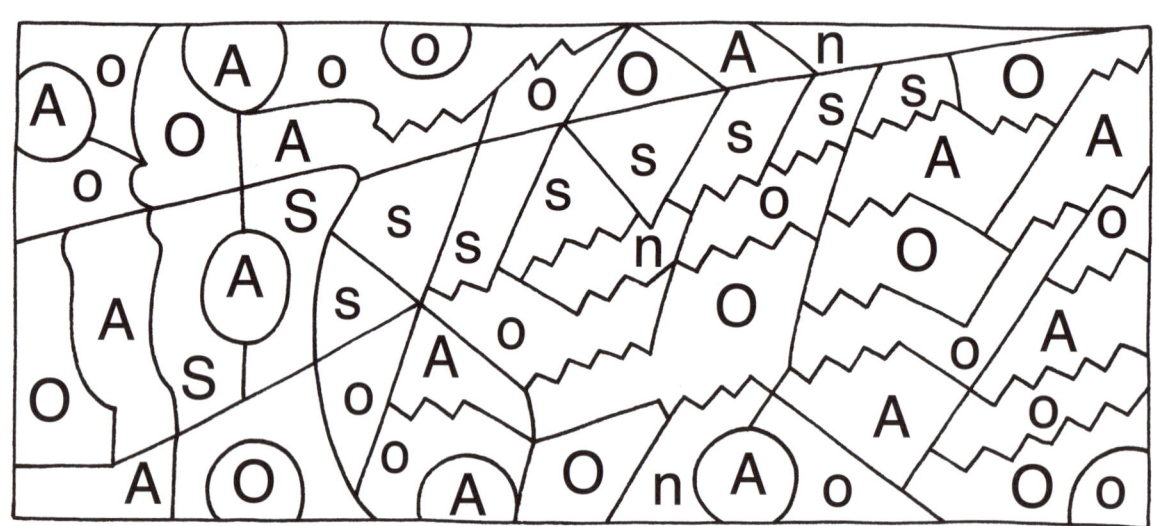

3 Schwinge die Silben. Zeichne die Silbenbögen unter die Wörter.
Markiere in jeder Silbe **a**, **i**, **o**. Überprüfe gemeinsam mit einem Partnerkind.

Lisa   Mist   Rast

Salat   Mast   Salami

satt   Sara   Tal   Salto

Mein Name: _____

1 Fahre alle **S** mit verschiedenen Farben nach. Sprich dazu: Slalom.

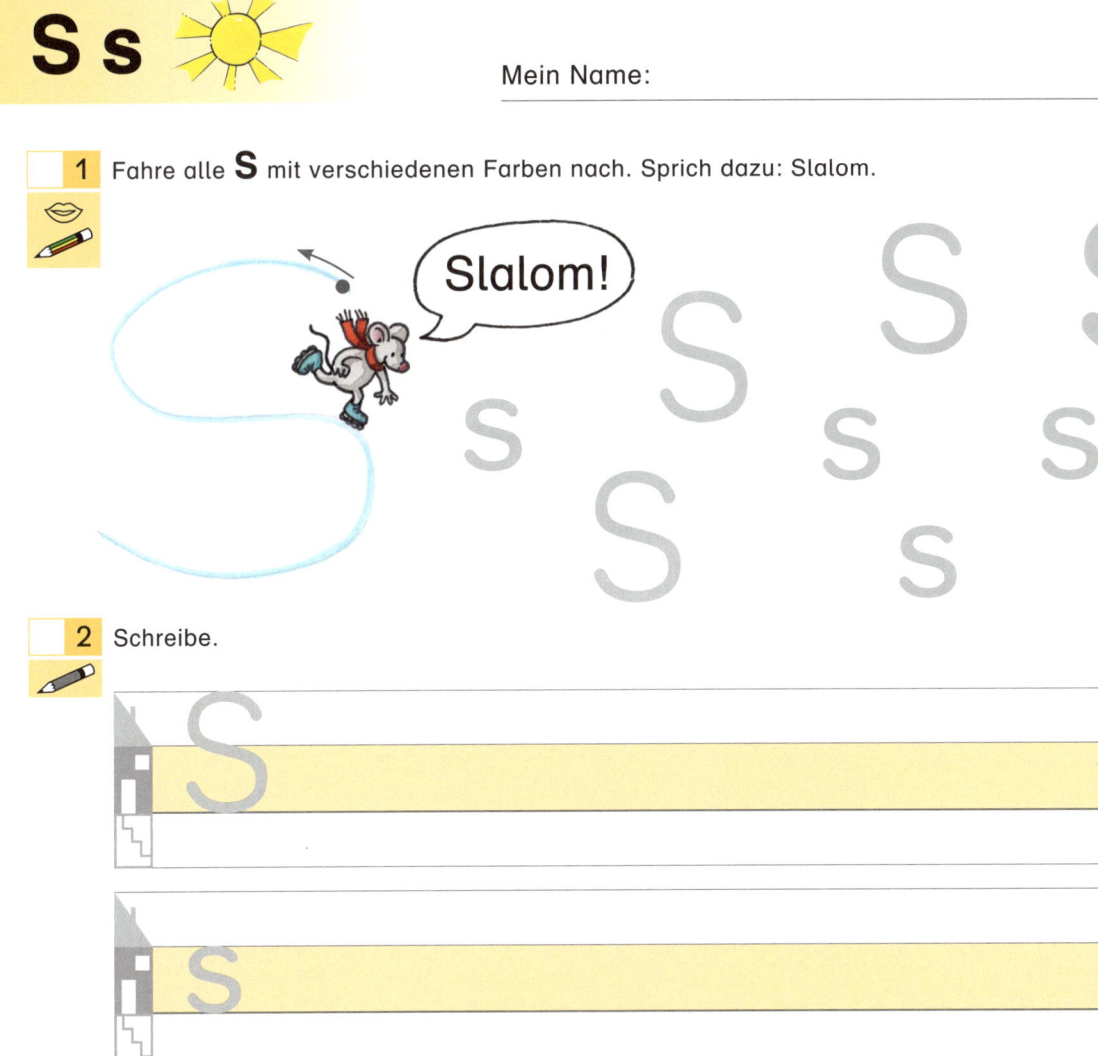

Slalom!

2 Schreibe.

S _____ S

s _____ s

Sara _____ Sara

ist _____ ist

3 Sprich jedes Wort deutlich. Zeichne für jeden Laut einen Punkt.
Schreibe drei Wörter auf.

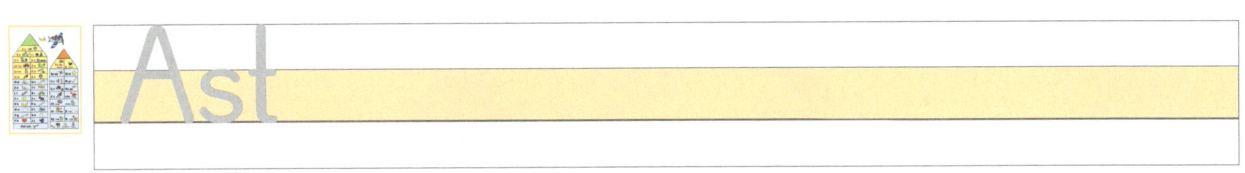

Ast

1 Welche Sätze passen zum Bild? Kreuze an.

☐ Am Tor ist Tom.

☐ Tom rast los.

☐ Mimi ist im Tor.

☐ Im Tor ist Sara.

 ★ Schreibe einen Satz zum Bild. ★ Schreibe eine Geschichte zum Bild ins Heft.

2 Überlege mit einem Partnerkind. Welcher Buchstabe fehlt? Setze den fehlenden Buchstaben ein. Streiche den Buchstaben durch, den du eingesetzt hast.

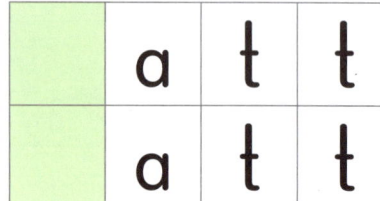

M	a	s		t
L	a	s		t

	a	t	t
	a	t	t

M		s	t
M		s	t

3 Was hörst du am Anfang? Schau in der Schreibtabelle nach und schreibe auf.
Kannst du das Wort lesen? Verbinde es mit dem richtigen Bild.

S			

H			

E e

Mein Name: _____

1 Sprich jedes Wort deutlich. An welcher Stelle hörst du **E e**? Kreuze an.

2 Kreise **E** und **e** ein.

E	F	H	E	A	E	K	H	E	F	E
e	a	e	o	s	e	c	e	n	e	o

3 Sprich jedes Wort deutlich. Verbinde mit dem passenden Bild.

Sessel   Esel

Rose   Messer   Torte

Tasse   Tomate

4 Sprecht die Wörter deutlich. Wie klingt das **E** oder **e**?
Klingt es lang, so setze einen Strich — darunter. Klingt es kurz, setze einen Punkt • darunter.

Esel   Tomate   Emil   Messer   Rose

31

E e

Mein Name: _____

---

1 Fahre **E** und **e** mit verschiedenen Farben nach. Schreibe **E** und **e** daneben.

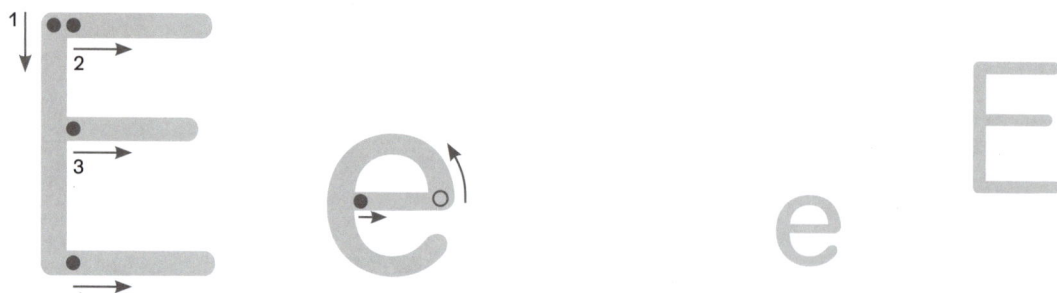

2 Schreibe **e** in den Rahmen.

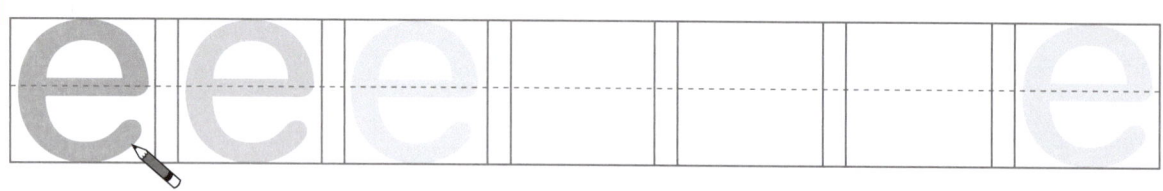

3 Schreibe.

E   E

e   e

Esel   Esel

Tee   Tee

Tasse   Tasse

 1 Welche Sätze passen zum Bild? Kreuze an.

☐ Lea isst Salat.

☐ Mateo malt Emre.

☐ Emil isst Salami.

☐ Leas Tasse ist rosa.

 2 Lies verschiedene Sätze. Schreibe hier zwei Sätze auf. ✴ Schreibe weitere Sätze ins Heft.

Lea		Salami.
Ole	isst	Salat.
Emre		Torte.

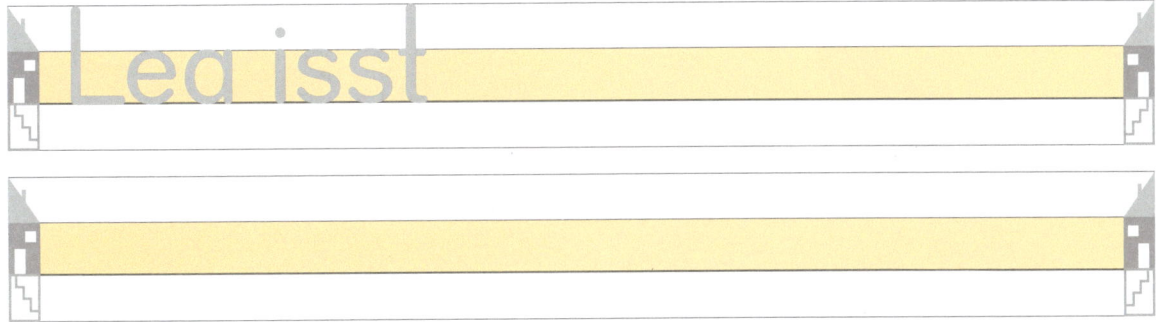

Lea isst _____

_____

 ✴ Was hörst du am Anfang? Schau in der Schreibtabelle nach und schreibe auf.

Kannst du das Wort lesen? Kreuze das passende Bild an.

E e

Mein Name: _____

1 Lies die Wörter. Kreise gleiche Wortendungen in der passenden Farbe ein.

 e    er    el

Tomate   Torte   Esel   Tasse   Amsel

Elster   Messer   Trommel   Roller

2 Setze die Buchstaben richtig zusammen. Schreibe das Wort auf. Kontrolliere mit einem Partnerkind.

 o m **T** t a e

To

 o **R** e s

 l **E** e s

 o r **T** e t

★

3 Was isst du gerne? Male oder schreibe. Was essen die anderen gerne?

 ♥ Mmmm!

34

W w

Mein Name: _____

1 Sprich jedes Wort deutlich. An welcher Stelle hörst du **W w**? Kreuze an.

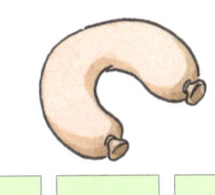   

2 Male die Felder mit **W** blau an.

3 Was ist es?
Kreuze das richtige Wort zum Bild an.

☐ Wasser
☐ Wal

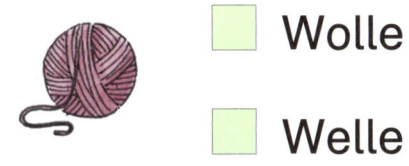
☐ Wolle
☐ Welle

4 Zeichne Silbenbögen unter die Wörter. Markiere in jeder Silbe **a**, **e**, **o**.

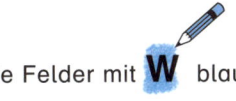 Wetter    Wasser   Wort   Wal   Wolle

★ Schreibe drei Wörter ab oder schreibe zu einem Wort einen kurzen Satz.

_____

_____

_____

W w

Mein Name: _____

1 Schreibe **W** in den Rahmen.

2 Fahre **W** und **w** mit verschiedenen Farben nach. Schreibe **W** und **w** daneben.

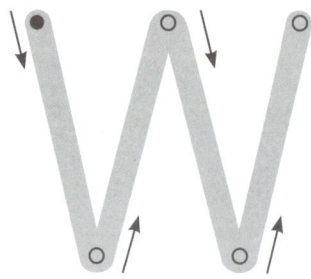
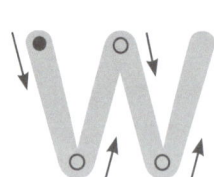

3 Schreibe.

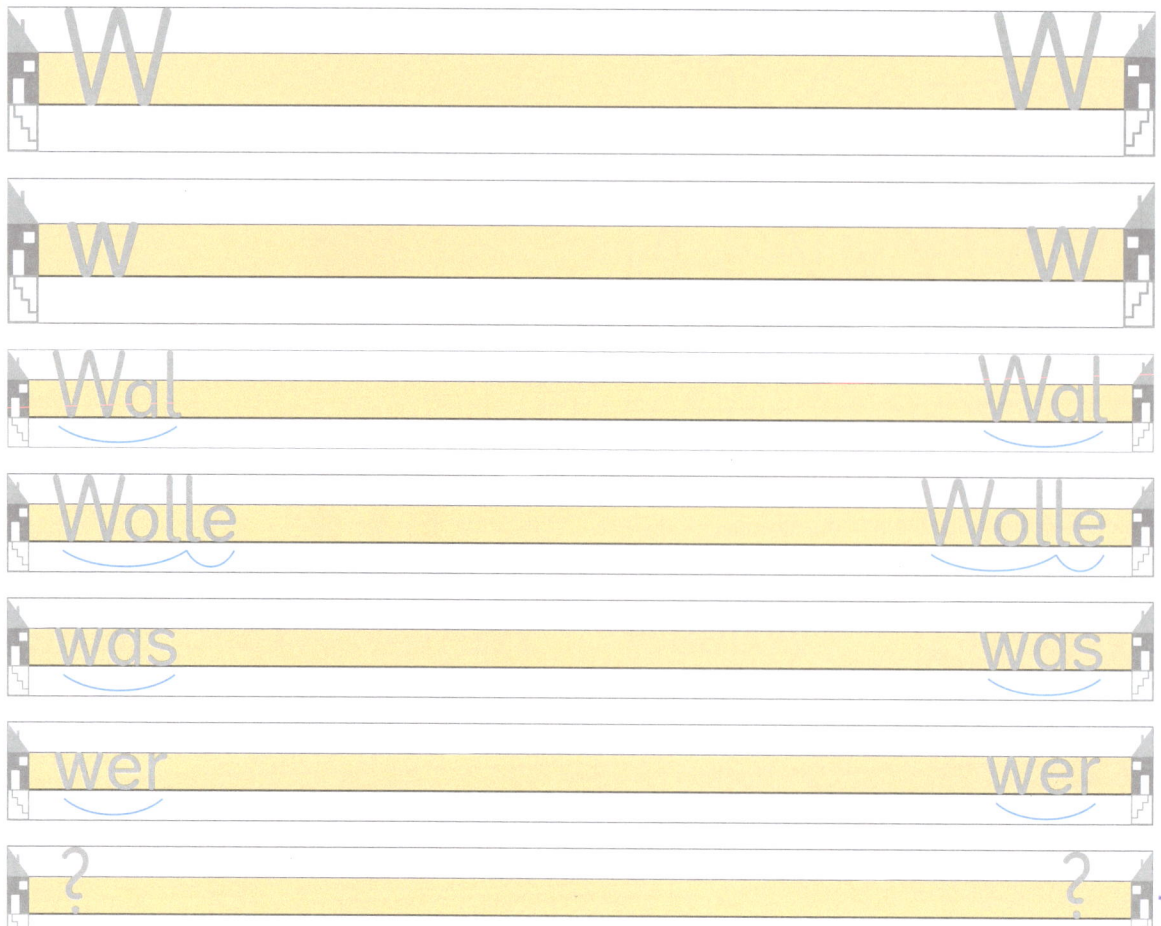

© 2014 Oldenbourg Schulbuchverlag, München. Alle Rechte vorbehalten

W w

Mein Name: _____

1 Lest die Fragen. Kreise im Bild ein, was du gefunden hast.

Wo ist Lea ?

Wo ist Ole ?

Was sammelt Ole ?

Was ist lila ?

Wer ist am Tor ?

2 Kreuze die richtige Antwort an.

Was ist warm ?

☐ Torte ist warm.

☐ Tee ist warm.

Wo ist Wasser ?

☐ Wasser ist im See.

☐ Wasser ist im Sessel.

3 Was hörst du am Anfang? Schau in der Schreibtabelle nach und schreibe auf.
Kannst du das Wort lesen? Male etwas dazu.

★ Welche Telefonnummern müsst ihr euch gut merken? Überlegt gemeinsam und schreibt sie auf.

Wichtige Telefonnummern!

Notruf: 112

_____   _____

_____   _____

_____   _____

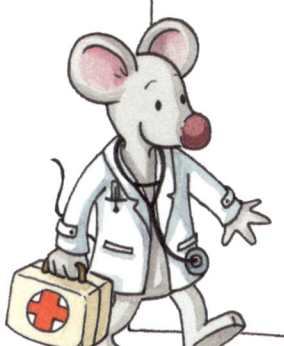

U u

Mein Name:

1 Sprich jedes Wort deutlich. An welcher Stelle hörst du **U u**? Kreuze an.

2 Lies und verbinde das Bild mit dem richtigen Wort. Markiere alle **u** gelb.

Wurm   **Esel**   **Wurst**   **Tor**   **Murmel**   **Turm**

3 Sucht diese Buchstaben gemeinsam auf der Schreibtabelle. Sprecht darüber.

Merke dir:
Das sind die Vokale.
Sie klingen von selbst.
A – E – I – O – U

4 Sprich jedes Wort deutlich. Zeichne für jeden Laut einen Punkt.

Schreibe drei Wörter hier auf. ★ Schreibe zu jedem Wort einen Satz ins Heft.

U u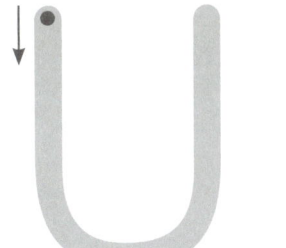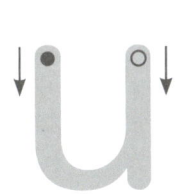

Mein Name: _____

1 Fahre **U** und **u** mit verschiedenen Farben nach. Schreibe **U** und **u** daneben.

U   u   U

u

2 Schreibe.

U   U

u   u

Uli   Uli

um   um

Wurm   Wurm

Mutter   Mutter

★ Schreibe eigene Wörter mit **U** oder **u** oder Sätze mit **U/u**-Wörtern.

Mein Name: _____

 1 Verbinde die Bilder mit den passenden Silben. Schreibe die Wörter auf.

Mus	se	
Ro	mel	
Mur	ter	Mus

 2 Lies und kreuze die richtige Antwort an.

Wo wartet Luisas Oma?

☐ Luisas Oma wartet am Tor.

☐ Luisas Oma wartet am Turm.

Mit wem will Oma los?

☐ Oma will mit Wasti los.

☐ Oma will mit Luisa los.

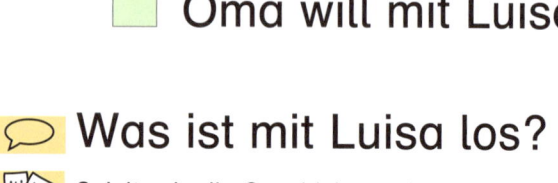

 Was ist mit Luisa los?

Spielt, wie die Geschichte weitergehen könnte.

 **3** Was hörst du am Anfang? Schau in der Schreibtabelle nach und schreibe auf.
Kannst du die Wörter lesen? Verbinde sie mit dem richtigen Bild.

D d

1 Sprich jedes Wort deutlich. An welcher Stelle hörst du **D d** ? Kreuze an.

2 Male die Felder mit **D** grün aus. Male die Felder mit **d** orange aus.

3 Lest die Wörter. Verbindet das passende Wort mit dem Bild. Welches Bild fehlt?

Radio   Esel   Wurst   Dose

Erde   Lasso   Murmel   Dromedar

4 Lies und male dazu.

Das ist Luis.

Male, was er dort sammelt.

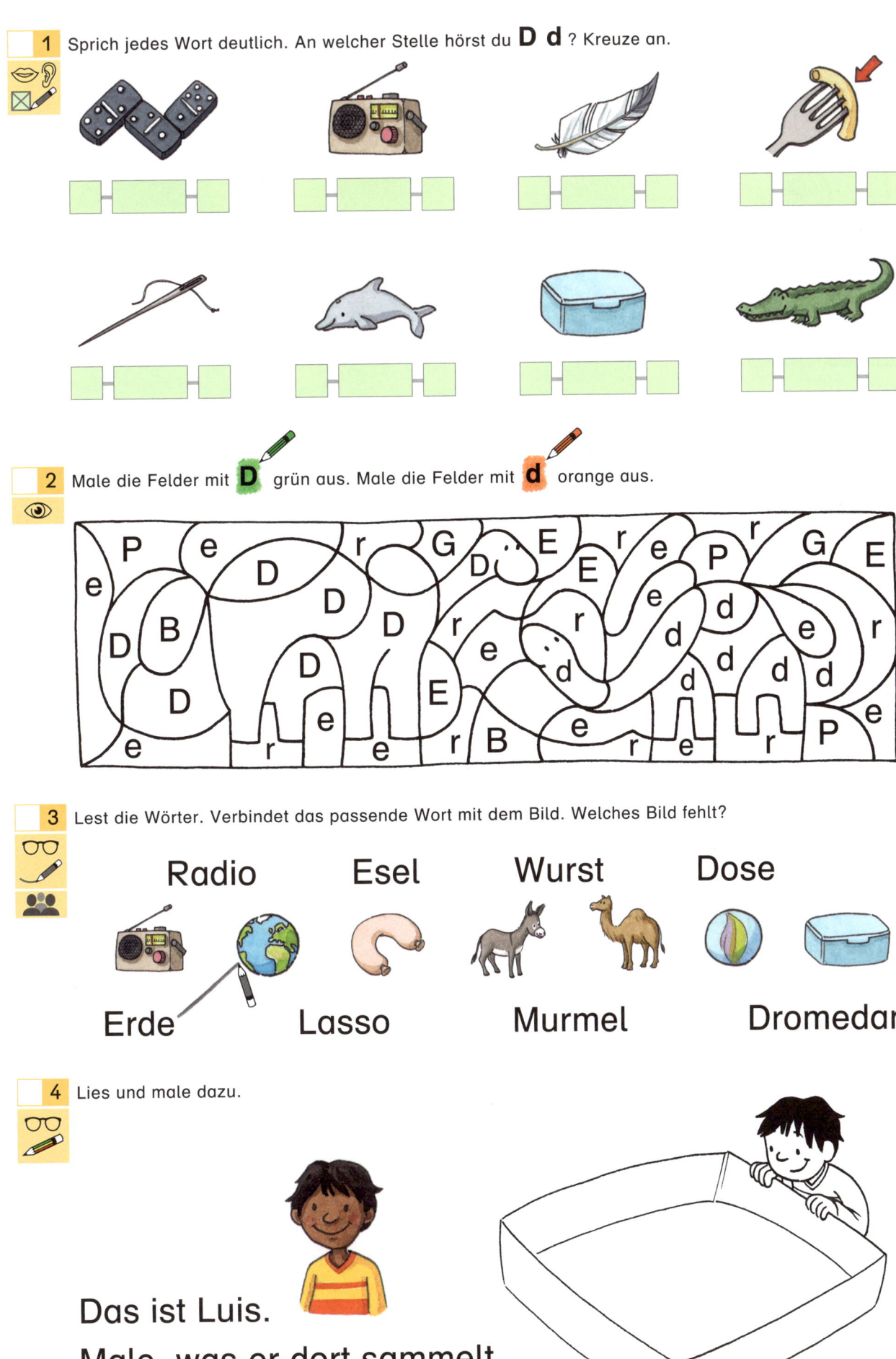

D d

1 Zeichne die Kreise fertig.
Beginne in der Mitte.

2 Fahre **D** mit verschiedenen Farben nach.
Schreibe **D** daneben.

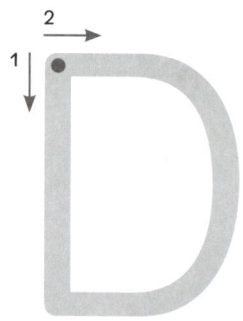

3 Schreibe.

4 Fahre das Seil mit verschiedenen Farben nach.

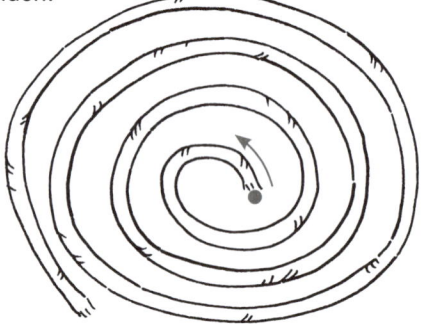

5 Fahre **d** mit verschiedenen Farben nach.
Schreibe **d** daneben.

6 Schreibe.

D d

Mein Name: _____

 1 Schreibe die Wörter auf. Streiche die benutzten Buchstaben durch.

 D o s e

 d E r e

 a R d o i

D _____

_____

_____

 2 Was gehört den Kindern? Schreibe in die Zeilen.

 Amira

 Emil

 Lisa

 Dose,

 _____

 _____

Wolle
Turm
Esel
Dromedar
Dose
Ritter

 ★ Was könnten die Kinder rufen? Erzähle es deinem Partnerkind oder schreibe in die Sprechblasen.

Spielt den Streit nach. Wie könnte er ausgehen?

Mein Name: _____

1 Sprich jedes Wort deutlich. An welcher Stelle hörst du **N n**? Kreuze an.

2 Male die Felder mit **N** rot aus. Male die Felder mit **n** blau aus.

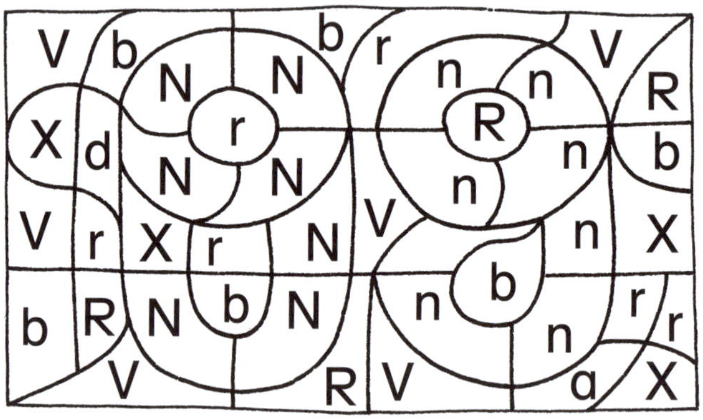

V	b		N		b	r			V
X	d	N	r	N		n	R	n	R
		N		N			R		b
V	r	X	r	N	V		n	n	X
b	R	N	b	N		n	b	r	r
	V			R	V			a	X

3 Lies und verbinde das Wort mit dem richtigen Bild.

Nele	Tanne	Nudel	Nadel	Sonne	Mund

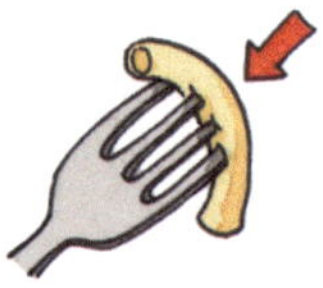

4 Schwinge die Silben und zeichne die Silbenbögen. Markiere die Vokale **a, e, i, o, u**.
Überprüfe gemeinsam mit einem Partnerkind.

malen   turnen   warten   lernen   essen

N n

Mein Name: _____

1 Fahre **N** und **n** mit verschiedenen Farben nach. Schreibe **N** und **n** daneben.

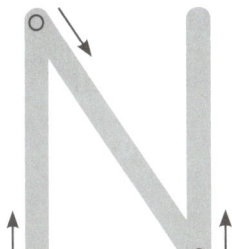 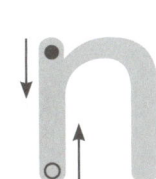

N

n

2 Schreibe.

N

n

Name

Ende

und

3 Schreibe die Wörter auf. Streiche die benutzten Buchstaben durch.

 N u e
N d l

 n E
e t

 S n
d a

N

N n

1 Was tut Mimi? Überlegt gemeinsam. Wählt passende Wörter aus und schreibt sie auf.

malen   rennen   rollen   warten   treten   raten
antworten   essen   lesen   lernen   turnen

rennen

2 Bilde Wörter und schreibe sie auf.

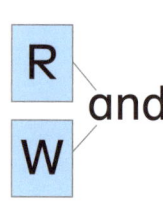

R
W   and

Rand
W

S
T   onne

M   o / u   nd

N   u / a   del

3 Welches Bild passt zu welchem Satz? Zeichne die passende Würfelzahl in die leeren Würfel.

Anton will Nudeln essen.

Linus will Salat essen.

Ole will Ananas essen.

Nele will Tomaten essen.

Mia will Mandarinen essen.

Sch sch

1 Sprich jedes Wort deutlich. An welcher Stelle hörst du **Sch sch**? Kreuze an.

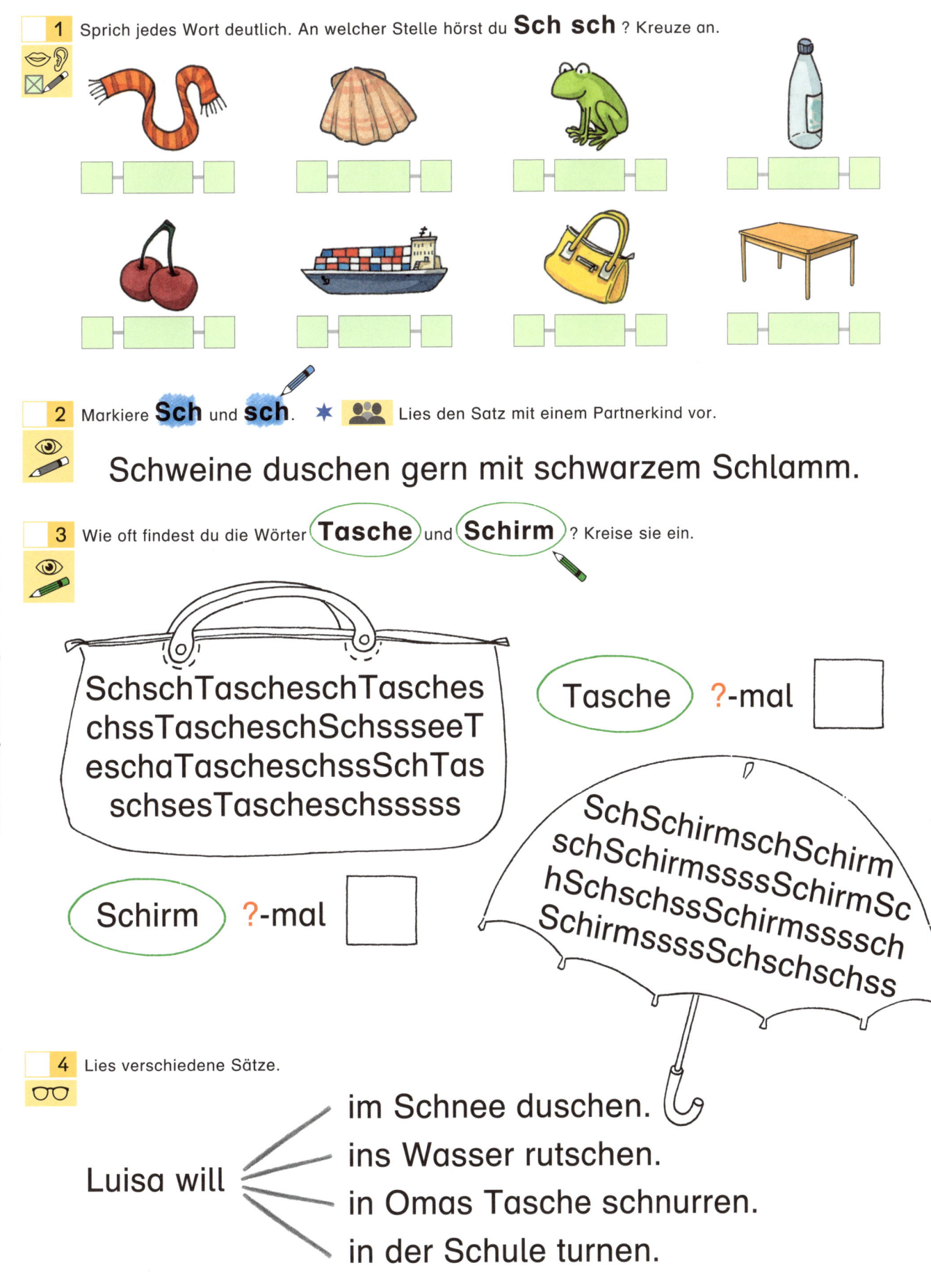

2 Markiere **Sch** und **sch**. ★ Lies den Satz mit einem Partnerkind vor.

Schweine duschen gern mit schwarzem Schlamm.

3 Wie oft findest du die Wörter Tasche und Schirm? Kreise sie ein.

SchschTascheschTasches
chssTascheschSchsssseeT
eschaTascheschssSchTas
schsesTascheschsssss

Tasche ?-mal

Schirm ?-mal

SchSchirmschSchirm
schSchirmssssSchirmSc
hSchschssSchirmsssssch
SchirmssssSchschschss

4 Lies verschiedene Sätze.

Luisa will
im Schnee duschen.
ins Wasser rutschen.
in Omas Tasche schnurren.
in der Schule turnen.

★ Schreibe Sätze in dein Heft. Kontrolliere mit einem Partnerkind.

Sch sch

Mein Name:

1 Fahre **Sch** und **sch** mit verschiedenen Farben nach. Schreibe **Sch** und **sch** daneben.

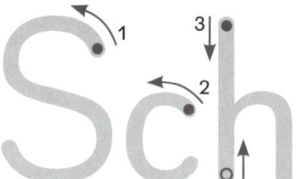 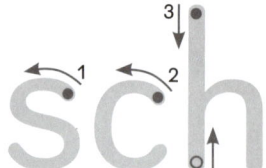

2 Schreibe.

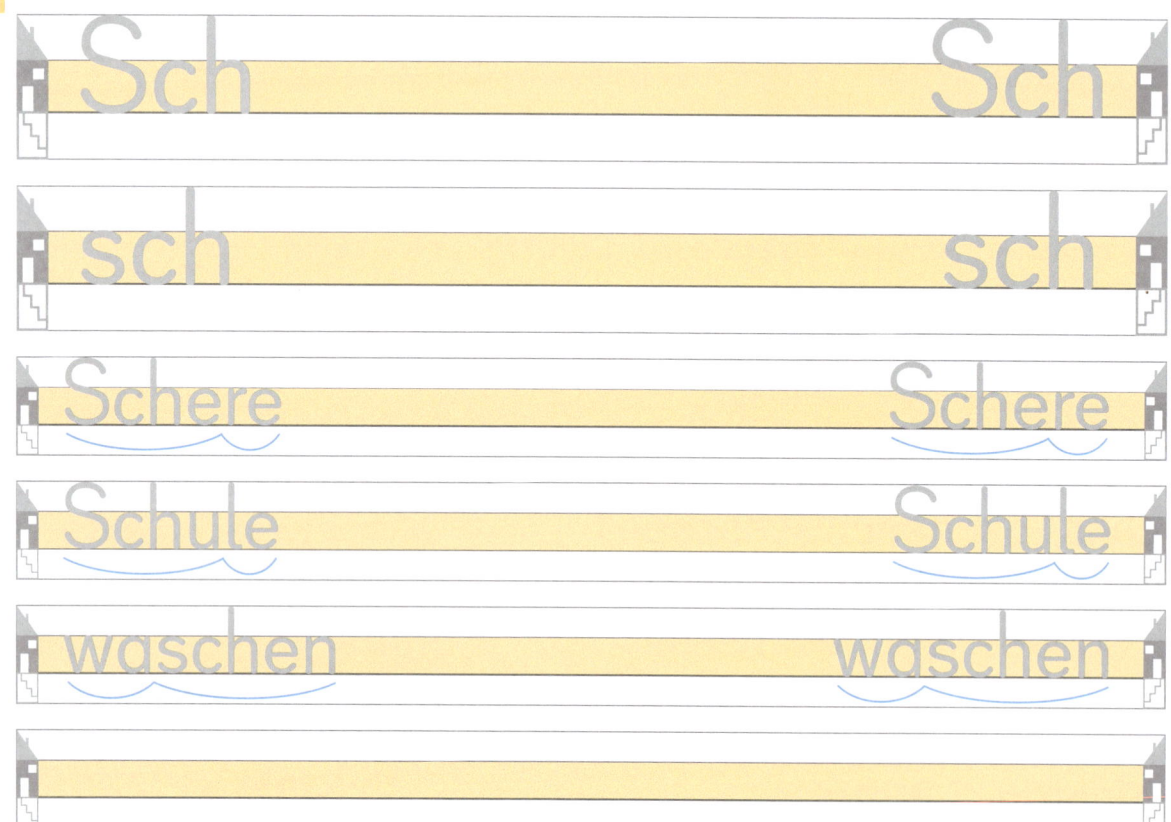

Sch   Sch

sch   sch

Schere   Schere

Schule   Schule

waschen   waschen

3 Schreibe die Wörter auf. Streiche die benutzten Buchstaben durch.

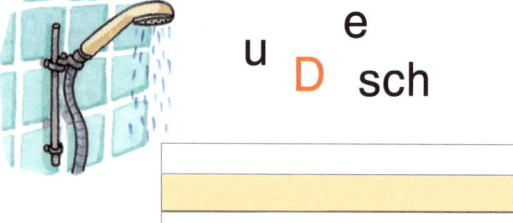

u   e
   D   sch

T   sch
a   e

 ★

48

Sch sch ✂

Mein Name: _____

1 Bilde Wörter mit Silben. Schreibe sechs oder mehr Wörter auf.

schmol-	wi-	ma-		-ten
na-	schal-	rut-	mi-	-len
wa-	du-	war-		-schen

schmollen,

2 Bildet sinnvolle Sätze. Schreibe zwei Sätze auf.

Luisa und Nele	lutschen	Ananastorte.
Mama und Oma	naschen	Wolle in der Waschmaschine.
Linus und Ole	waschen	rosa Lollis.

Luisa

⭐ 👄 Bilde Fragesätze: Naschen Luisa und ...?

Ei ei

1 Sprich jedes Wort deutlich. An welcher Stelle hörst du **Ei ei**? Kreuze an.

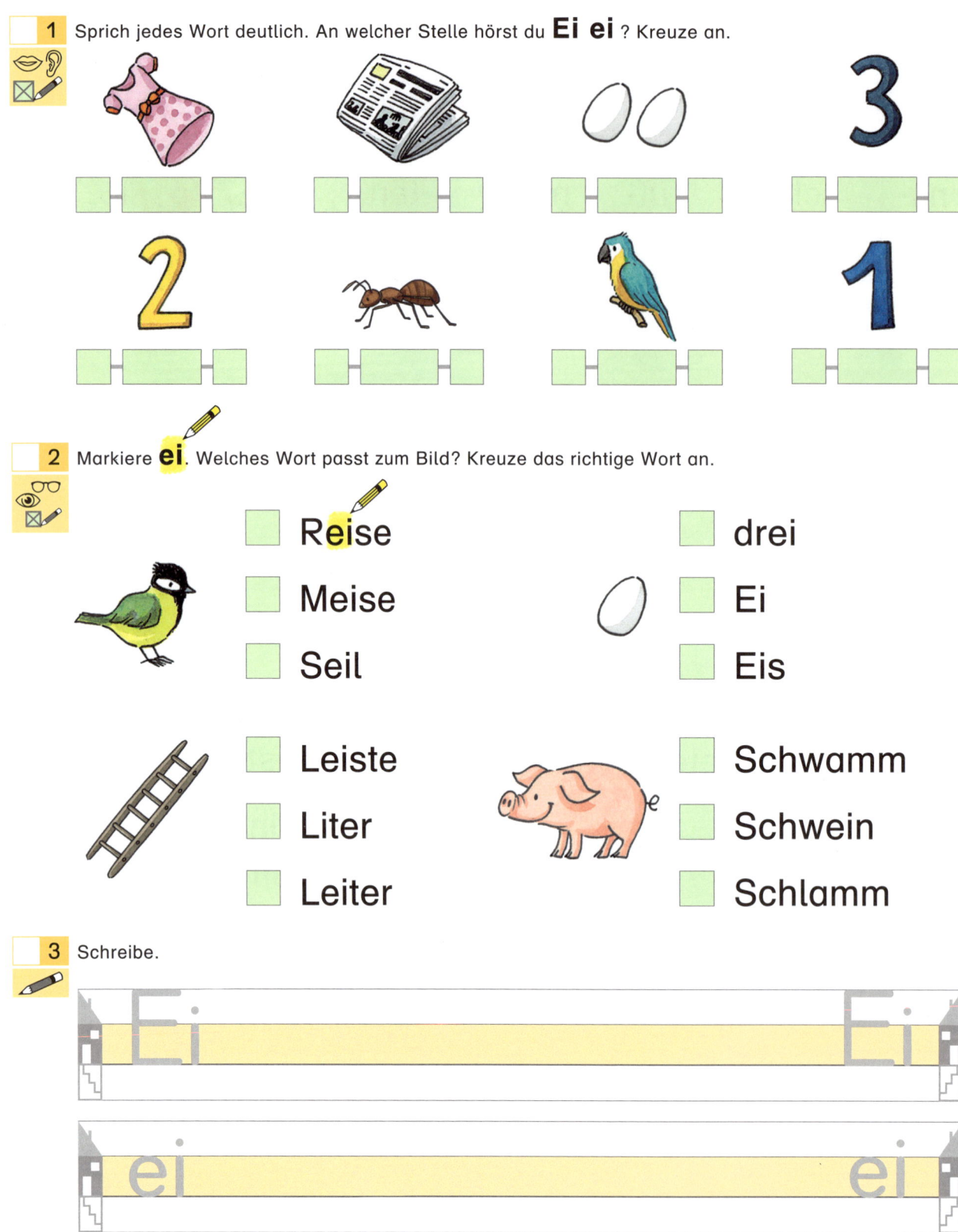

2 Markiere **ei**. Welches Wort passt zum Bild? Kreuze das richtige Wort an.

☐ Reise   ☐ drei

☐ Meise   ☐ Ei

☐ Seil   ☐ Eis

☐ Leiste   ☐ Schwamm

☐ Liter   ☐ Schwein

☐ Leiter   ☐ Schlamm

3 Schreibe.

Ei

ei

★ Markiert zuerst die Silben. Lest dann abwechselnd. Lest immer schneller.

Drei Schweine wollen reisen – mit drei Ameisen –

in den warmen Sonnenschein – so soll es sein.

Ei ei

Mein Name: _____

 1 Lies die Wörter. Schreibe **ein** oder **eine** vor die Wörter.

ein oder eine ?

ein 	Schwein 

Leiter

Seil

Ei

Osterei

Ameise

 2 Lest die Sätze. Überlegt gemeinsam. Kreuze an, was stimmt.

Miteinander in der Schule

☐ Wir melden uns leise.

☐ Wir teilen nur Reis miteinander.

☐ Nur einer redet.

☐ Wir sind nett miteinander.

☐ Einer muss immer an der Leiter sein.

 ★ Erzähle oder schreibe eine Geschichte.

  Spiele die Geschichte mit einem Partnerkind nach.

K k

Mein Name: _____

---

  1 Sprich jedes Wort deutlich. An welcher Stelle hörst du **K k**? Kreuze an.
Manchmal sind zwei Kreuze richtig.

☐☐☐ ☐☐☐ ☐☐☐ ☐☐☐

☐☐☐ ☐☐☐ ☐☐☐ ☐☐☐

---

 2 Kreise  und  ein.

K	M	R	K	W	K	R	K	E	K	W
k	l	t	k	k	l	t	k	l	t	k

---

 3 Verbinde die Wörter mit den passenden Dingen im Bild.

ein Kissen   eine Karte   ein Kalender   ein Kamm

ein Krokodil   ein Keks   eine Kiste   ein Kleid

 ★ 👁 ✏ Was siehst du noch? Schreibe es auf.

[   ]

52

K k

 Mein Name: _____

1 Zeichne den Kugelfischen das Maul.

2 Fahre **K** und **k** mit verschiedenen Farben nach. Schreibe **K** und **k** daneben.

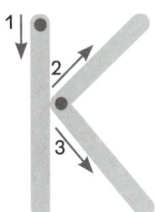 

3 Schreibe.

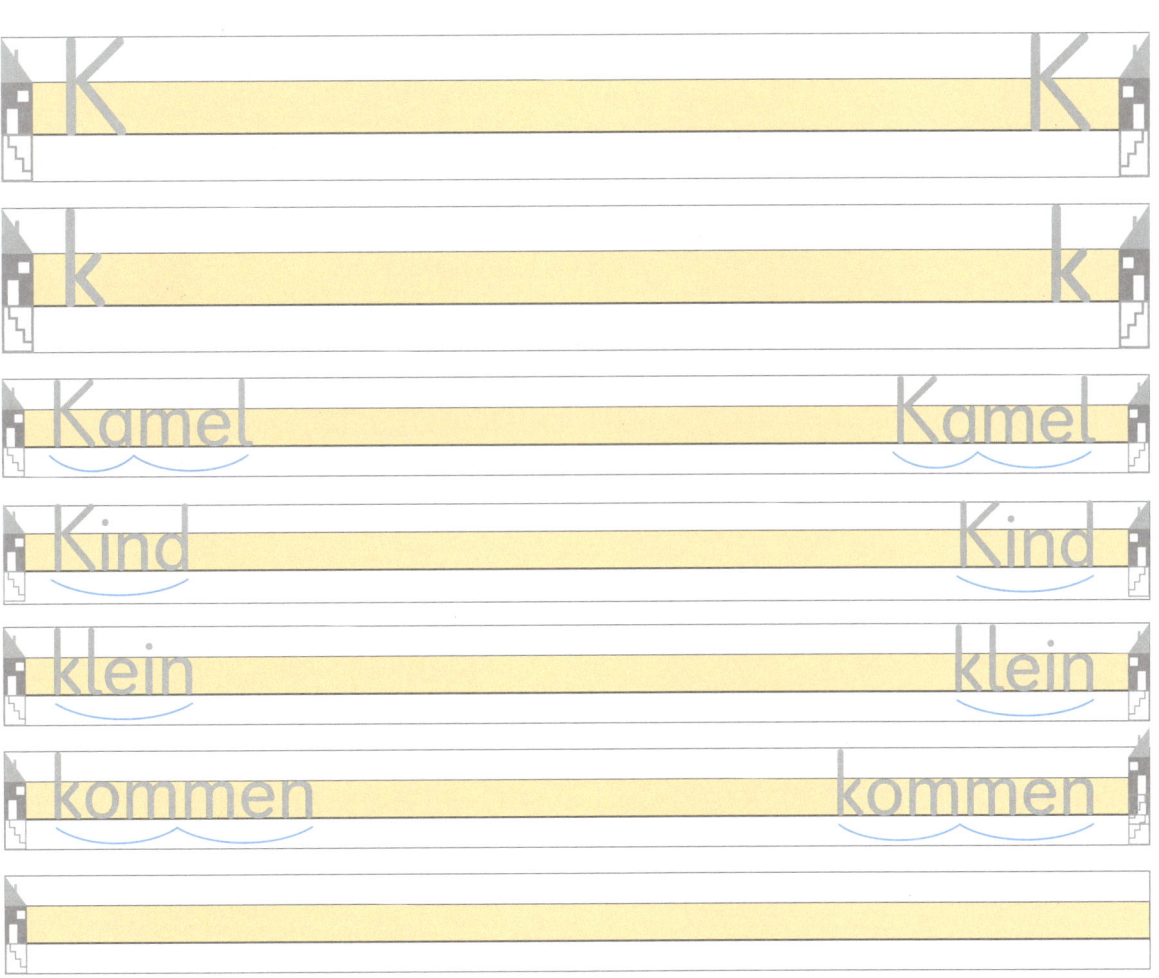

K   K

k   k

Kamel   Kamel

Kind   Kind

klein   klein

kommen   kommen

53

 **nk** **Schrank**

Mein Name: _____

 1 Verbinde die Wörter mit den passenden Bildern.

Tank   Lenkrad

Schrank   Krankenschwester

 **2** Kreise **nk** ein. Suche Reimwörter. Schreibe die Reimwörter untereinander auf.

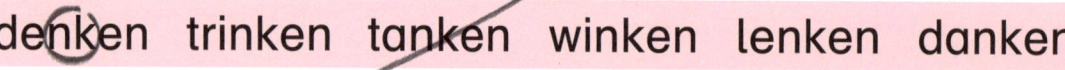
denken   trinken   tanken   winken   lenken   danken

| tanken | de | tr |
| da | | |

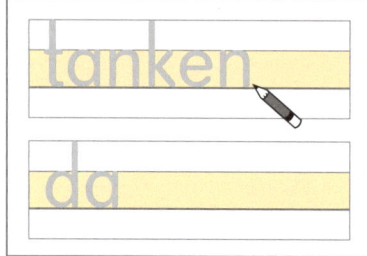  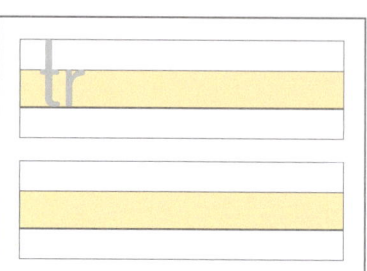

 3 Lies die Sätze. Welcher Satz passt zu welchem Bild? Verbinde.

Kinder

Kamele

winken
schenken
trinken
denken

rote Limonade.

an Schokotorte.

 ★ Versucht gemeinsam, die Sätze zu lesen. Was fällt euch auf?
Sprecht darüber, was gleich und was anders ist.

Willst du einem kranken Kind etwas schenken?

Willst du einem kranken Kind etwas schenken?

Willst du einem kranken Kind etwas schenken?

B b

Mein Name:

1 Sprich jedes Wort deutlich. An welcher Stelle hörst du **B b** ? Kreuze an.

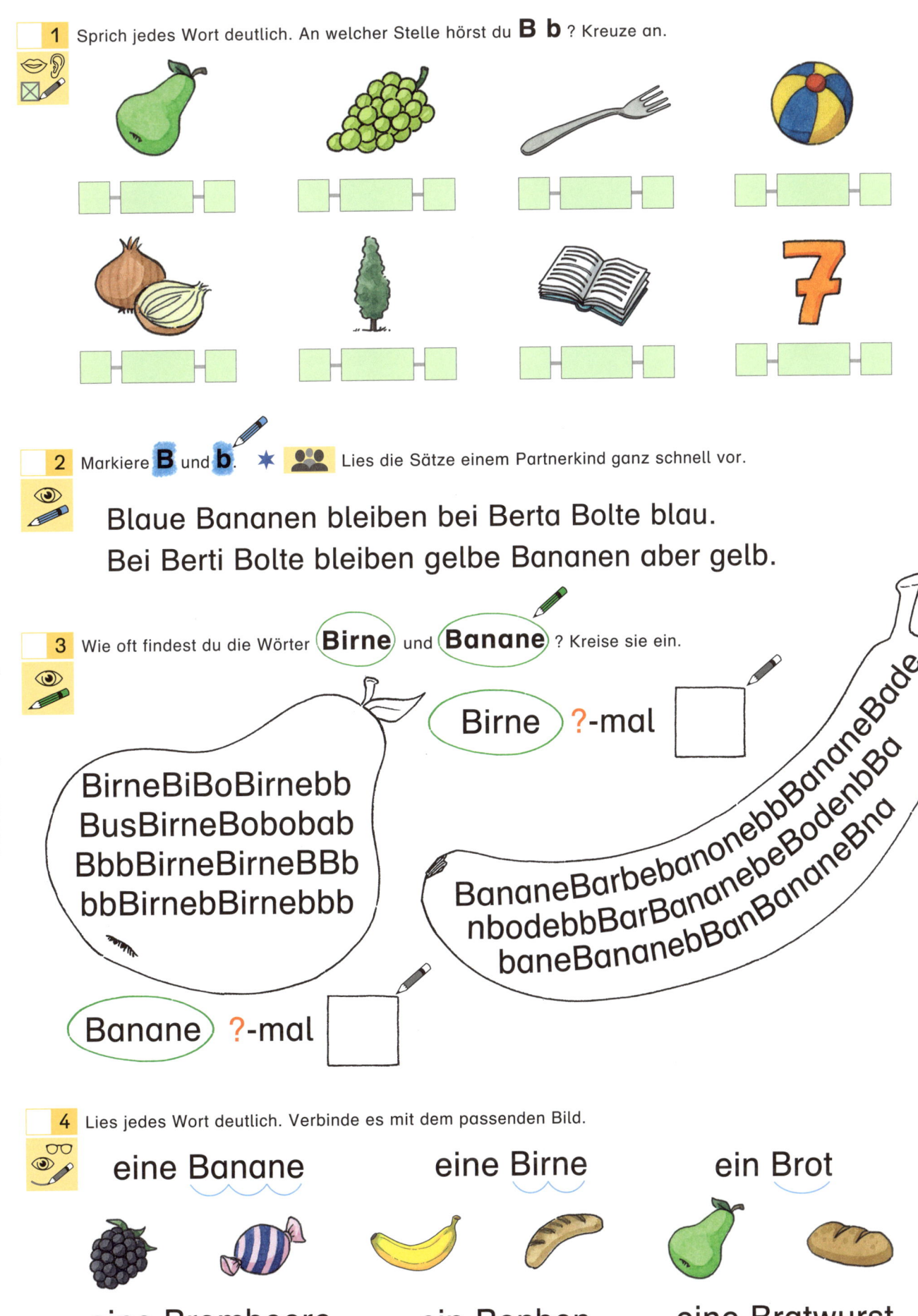

2 Markiere **B** und **b**. ★ Lies die Sätze einem Partnerkind ganz schnell vor.

Blaue Bananen bleiben bei Berta Bolte blau.
Bei Berti Bolte bleiben gelbe Bananen aber gelb.

3 Wie oft findest du die Wörter **Birne** und **Banane** ? Kreise sie ein.

Birne ?-mal ☐

BirneBiBoBirnebb
BusBirneBobobab
BbbBirneBirneBBb
bbBirnebBirnebbb

BananeBarbebanonebbBananeBade
nbodebbBarBananebeBodenbBa
baneBananebBanBananeBna

Banane ?-mal ☐

4 Lies jedes Wort deutlich. Verbinde es mit dem passenden Bild.

eine Banane   eine Birne   ein Brot

eine Brombeere   ein Bonbon   eine Bratwurst

55

B b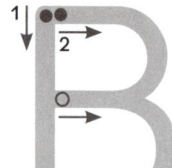

Mein Name: _____

1 Fahre **B** und **b** mit verschiedenen Farben nach. Schreibe **B** und **b** daneben.

2 Schreibe.

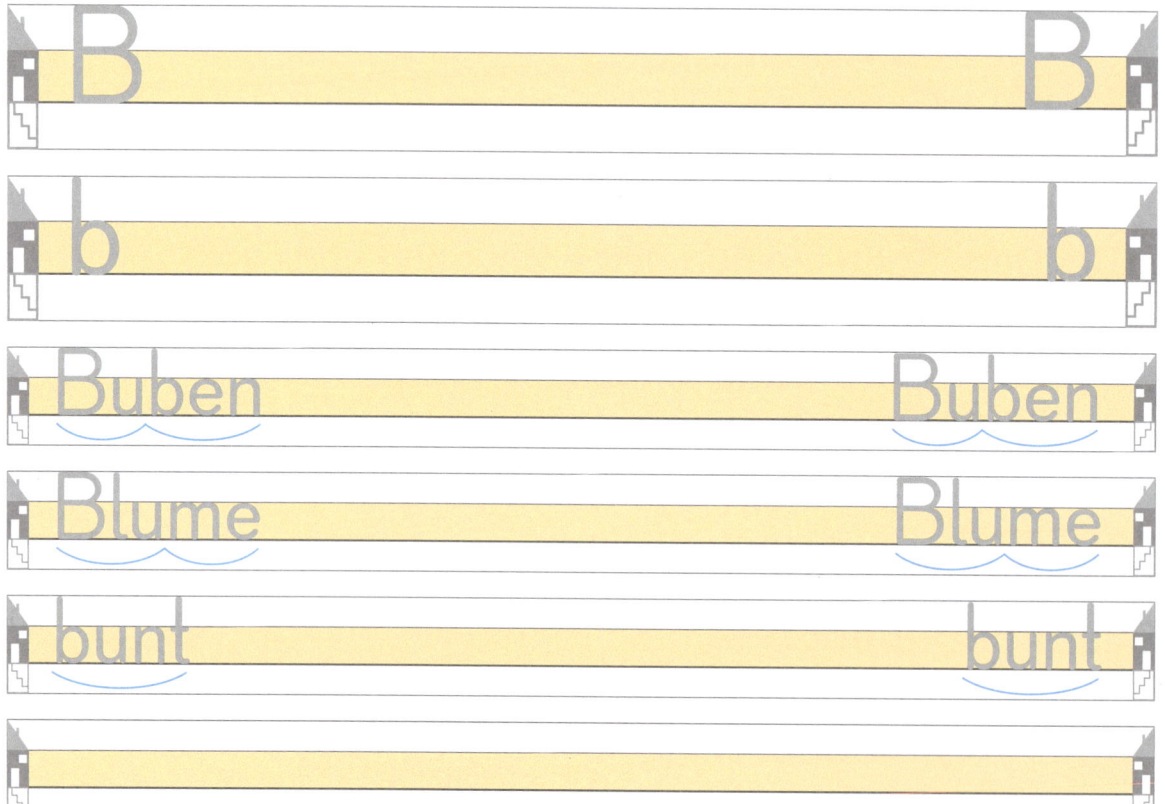

3 Schreibe die Wörter auf. Streiche die benutzten Buchstaben durch.

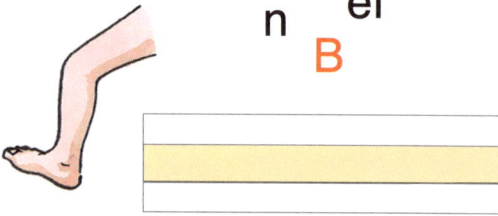

n ei
B

B a
nk

★

B b

Mein Name: _____

---

1 Sprich die Wörter deutlich. Schwinge die Silben und zeichne Silbenbögen.

---

2 Was macht Mimi? Schreibe in der passenden Form. Unterstreiche die Endung.

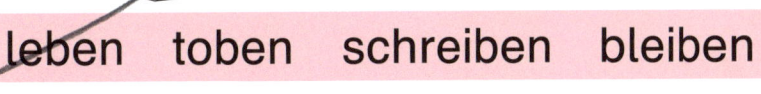

leben   toben   schreiben   bleiben

Wir leben. → Mimi lebt.

Wir → Mimi

Wir → Mimi

Wir → Mimi

---

3 Bilde lustige Sätze. Lies sie deinem Partnerkind vor. Schreibe zwei Sätze auf. ★ Bildet Fragesätze.

Ein Biber	tobt	oben im Turm.
Ritter Robert	bleibt	unter der Bank.
Eine Ente	lebt	im Nebel.

Eine Ente

F f

1 Sprich jedes Wort deutlich. An welcher Stelle hörst du **F f** ? Kreuze an.

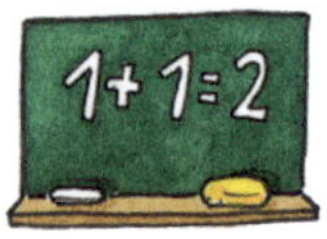

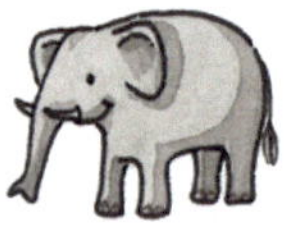

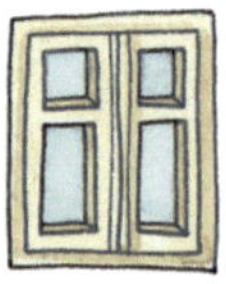

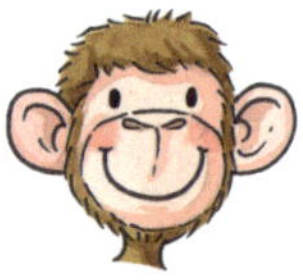

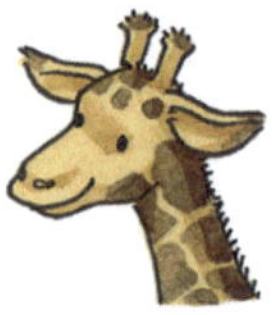

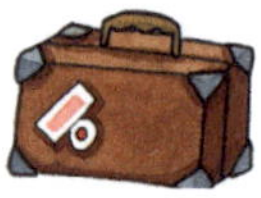

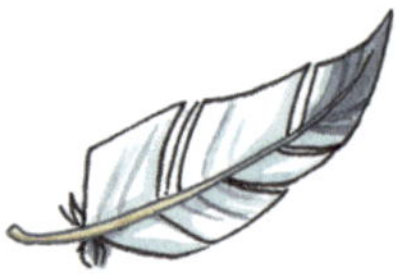

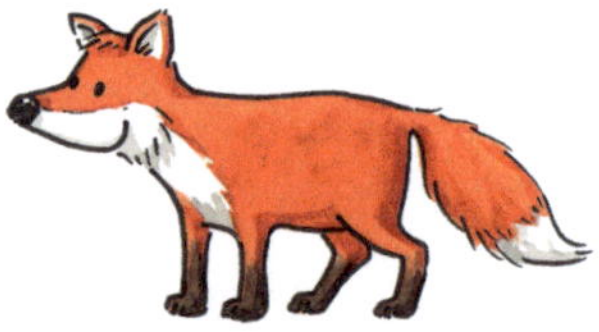

2 Markiere **F** und **f**.

> Fischers Fritz fischt frische Fische,
> frische Fische fischt Fischers Fritz.

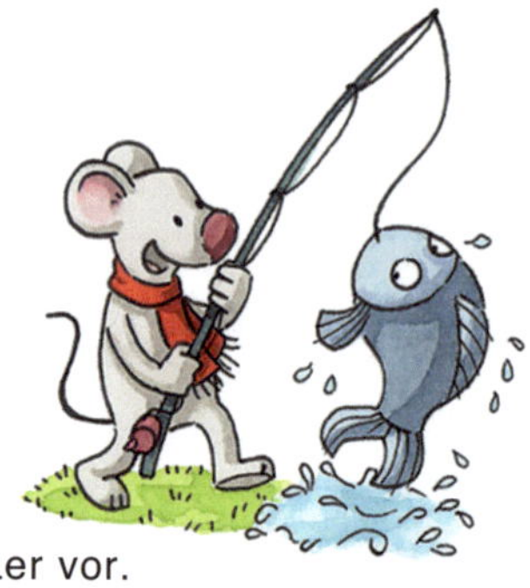

★ Lies deinem Partnerkind den Satz so schnell wie möglich ohne Fehler vor.
★ Trage den Satz auswendig vor.

3 Fahre **F** und **f** mit verschiedenen Farben nach. Schreibe **F** und **f** daneben.

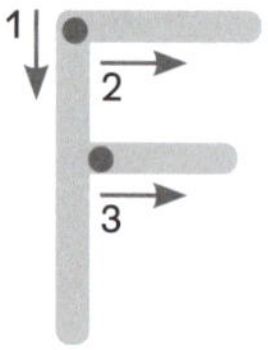

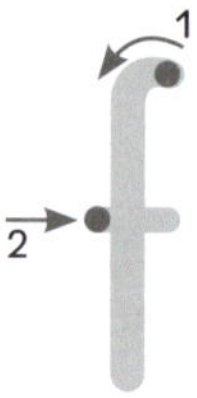

4 Schreibe.

F   F

f   f

Feder   Feder

finden   finden

F f

Mein Name: _____

1 Was ist falsch? Überlege mit einem Partnerkind. Schreibe **falsch** daneben.

Ein Fisch findet Seife toll.　　　falsch

Affen schlafen im Saft.

Fischer ist ein Beruf.

Im Koffer ist ein Elefant.

Woran musst du immer denken?

2 Lies die Wörter. Schreibe die Sätze richtig auf. Denke an den Punkt am Ende.
Denke auch daran: Der Satzanfang wird immer groß geschrieben. Kontrolliere bei deinem Partnerkind.

| im | Fridolin | schwimmt | Wasser |

Fridolin

| der | frisst | Bananen | Affe |

3 Schreibe die passenden Wörter neben das Bild. Sprich genau. Markiere **-er**.

| Bruder | Feder | Fenster | Winter |

Bruder

Au au

1 Sprich jedes Wort deutlich. An welcher Stelle hörst du **Au au**? Kreuze an.

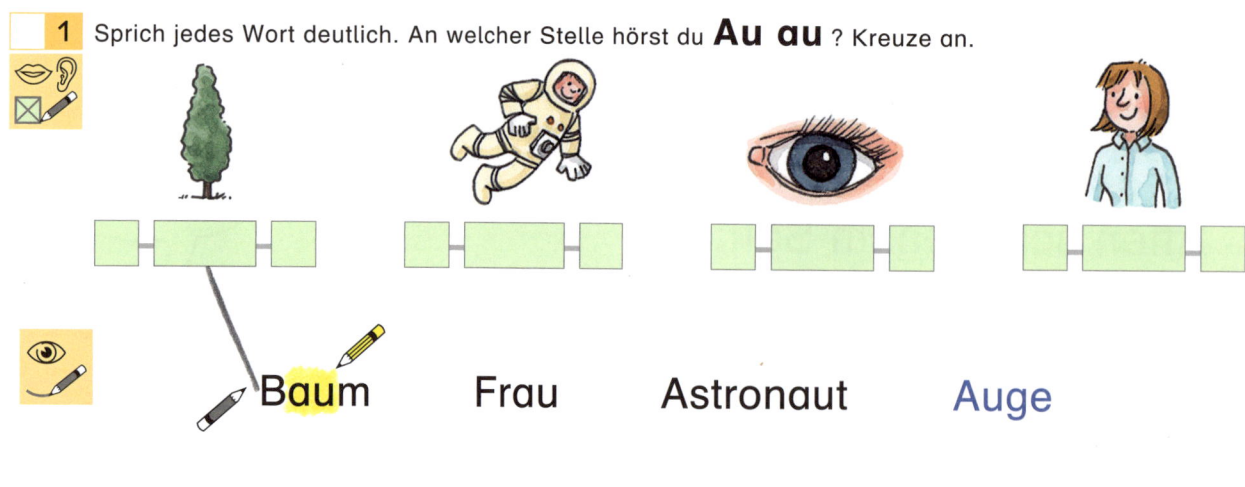

Baum   Frau   Astronaut   Auge

2 Bilde sinnvolle Sätze. Male das passende Feld farbig an.

Auf dem Mond ist

Sand.
eine Maus.
ein Baum.

Eine Astronautin ist

ein Auto.
ein Kleid.
eine Frau.

Aus dem Weltraum erscheint unsere Erde

laut.
blau.
schlau.

Schaut euch den letzten Satz genau an. Was fällt euch auf?

3 Schreibe.

60

Mein Name: _____

1 Lest zuerst alle Sätze. Überlegt gemeinsam.
Nummeriere die Sätze dann in der richtigen Reihenfolge.

[ ] Nein, das blaue Auto ist toll!

1. Oma will Timo etwas schenken.

[ ] Willst du eine Schaufel?

[ ] Im Laden schauen Oma und Timo alles an.

2 Lies jedes Wort. Schreibe das passende Reimwort dazu.

Maus
L — Laus

kaufen
l

Baum
R

kauen
b

3 Zeichne nach jedem Wort einen Strich. Schreibe den Satz richtig ab.
Lass dein Partnerkind kontrollieren.

Der | Astronaut | schaut | aus | dem | Fenster.

Der A

⭐ Schreibe oder male etwas zum Bild.

G g

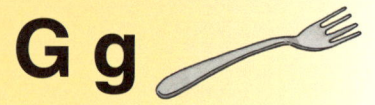

Mein Name: _____

1 Sprich jedes Wort deutlich. An welcher Stelle hörst du **G g** ? Kreuze an.

2 Verbinde die Wörter mit dem passenden Bild.

Garten   Igel   Regen   gelb   Giraffe   Geld

3 Bilde richtige Sätze. Verbinde mit dem passenden Bild.

| Eine Gans |
| Ein Igel |
| Ein Tiger |

kann Eier legen.

Amira schenkt Timo

| rote Blumen. |
| gelbe Birnen. |
| gelbe Blumen. |

Am Geburtstag bekommt Timo

| eine Gurke. |
| eine Giraffe. |
| ein Geschenk. |

★  Schreibe die richtigen Sätze ins Heft. Kontrolliere mit einem Partnerkind.

62

G g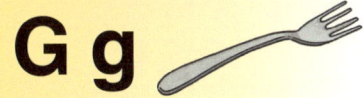

1 Fahre **G** und **g** mit verschiedenen Farben nach. Schreibe **G** und **g** daneben.

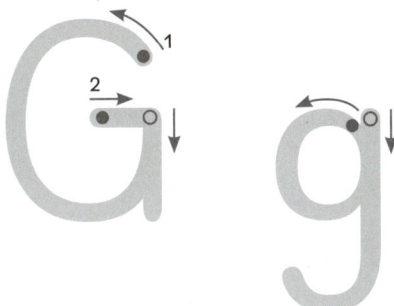

2 Schreibe.

G   G

g   g

Gabel   Gabel

Garten   Garten

Regen   Regen

gut   gut

geben   geben

sagen   sagen

G g

Mein Name: _____

1 Verbinde das Bild mit den passenden Silben. Schreibe das Wort.

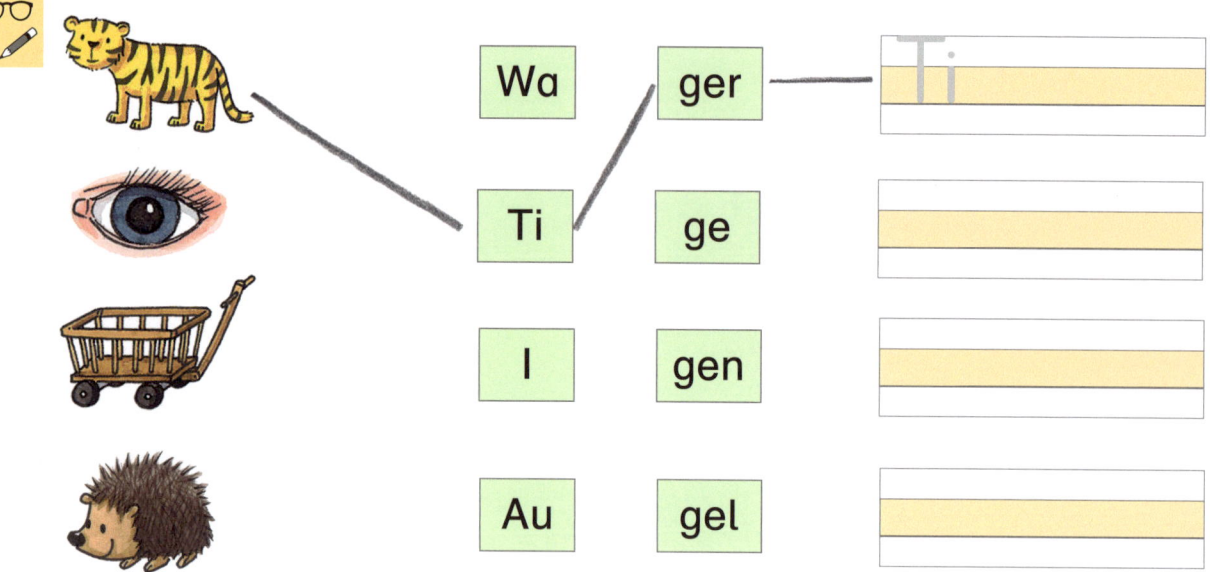

Wa	ger	Ti
Ti	ge	
I	gen	
Au	gel	

2 Schwinge die Silben und zeichne die Silbenbögen. Markiere die Vokale **a**, **e**, **i**, **o**, **u**.

 tragen   abgeben   fragen   sagen   legen   bewegen

3 Lies die Wörter. Schreibe einen richtigen Satz oder eine Frage.

 Ein Satz beginnt immer mit einem großen Buchstaben. Denke an das Satzzeichen am Ende.

in den Bergen	gerne	wandert	Timo

_____

_____

★ In jedem Wörterturm stimmt ein Wort nicht. Überlegt gemeinsam.
 Streiche das falsche Wort durch.

Gartentor
~~Gartennagel~~
Gartenarbeit

Regenschirm
Regenwurm
Regengras
Regenbogen
Regenwolke

Geburtstagsfest
Geburtstagsbett
Geburtstagtorte
Geburtstagsgeschenk
Geburtstagskind

Montag
Donnerstag
Freitag
Geburtstag
Samstag

G g

Mein Name: _____

© 2014 Oldenbourg Schulbuchverlag, München. Alle Rechte vorbehalten

1 Was machen wir? Was macht Mimi? Schreibe in der passenden Form. Unterstreiche die Endung.

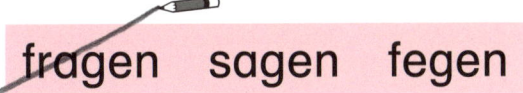

fragen   sagen   fegen

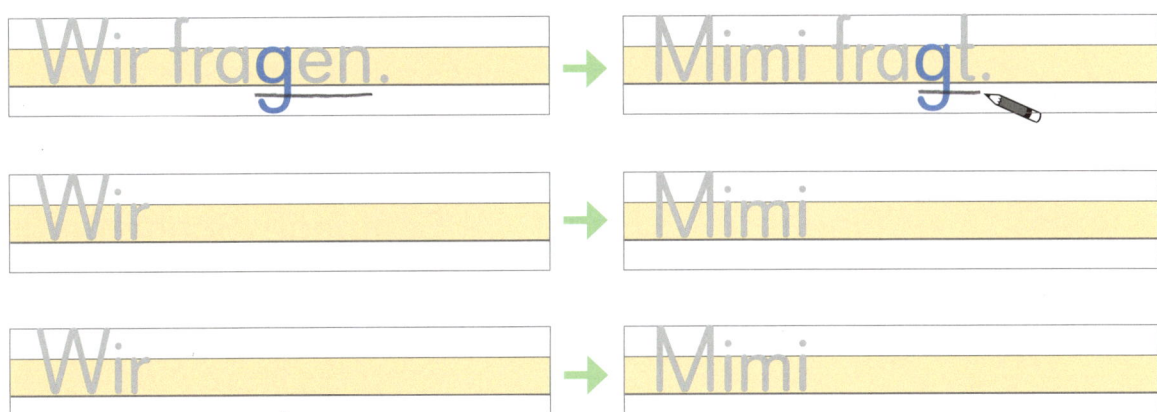

Wir fragen. → Mimi fragt.

Wir _____ → Mimi _____

Wir _____ → Mimi _____

2 Schreibe in der Einzahl und in der Mehrzahl. Setze die Silbenbögen.

ein Berg   ein Weg   ein Tag

  ein Tag     drei Tage

3 Lest euch gegenseitig verschiedene Sätze vor. Bildet auch Fragesätze.

Oma		Blumen im Garten.
Sara		Schokolade.
Emil	mag	ein Glas Saft.
Mateo		saure Gurken.
Defne		schwere Aufgaben.

★  Schreibe drei oder mehr Sätze ins Heft.   Lass dein Partnerkind kontrollieren.

65

ng Ring

Mein Name: _____

1 Lies die Wörter. Zeichne dazu Bilder. Markiere **ng** blau.

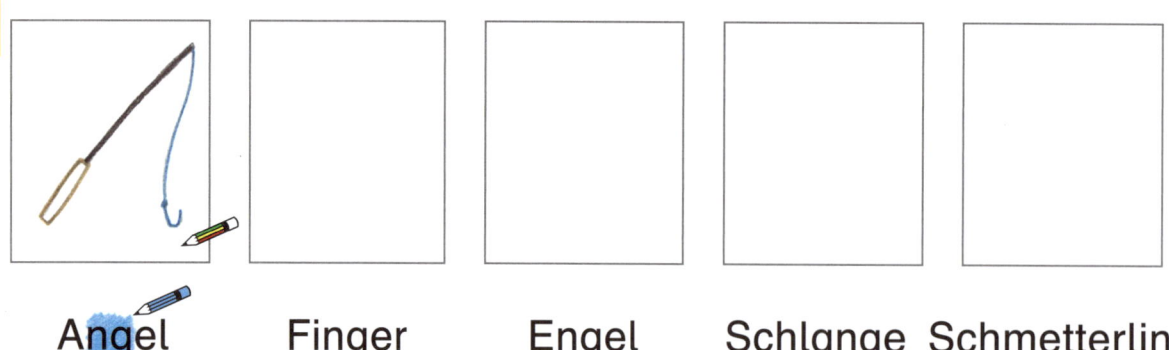

Angel   Finger   Engel   Schlange Schmetterling

2 Lest die Wörter. Überlegt gemeinsam: Welche Wörter passen zusammen? Schreibe die Wörter auf.

der Klang der Anfang der Gesang	↔	anfangen singen klingen
der Klang	↔	klingen
	↔	
	↔	

3 Welche Sätze sind richtig? Tausche dich mit anderen Kindern aus. Kreuze dann an.

□ Schlangen sind lang.

□ Schlangen fangen enge Ringe.

□ Seeschlangen singen gern.

□ Sandboas sind Schlangen.

□ Ottern bringen Engel ins Meer.

ck   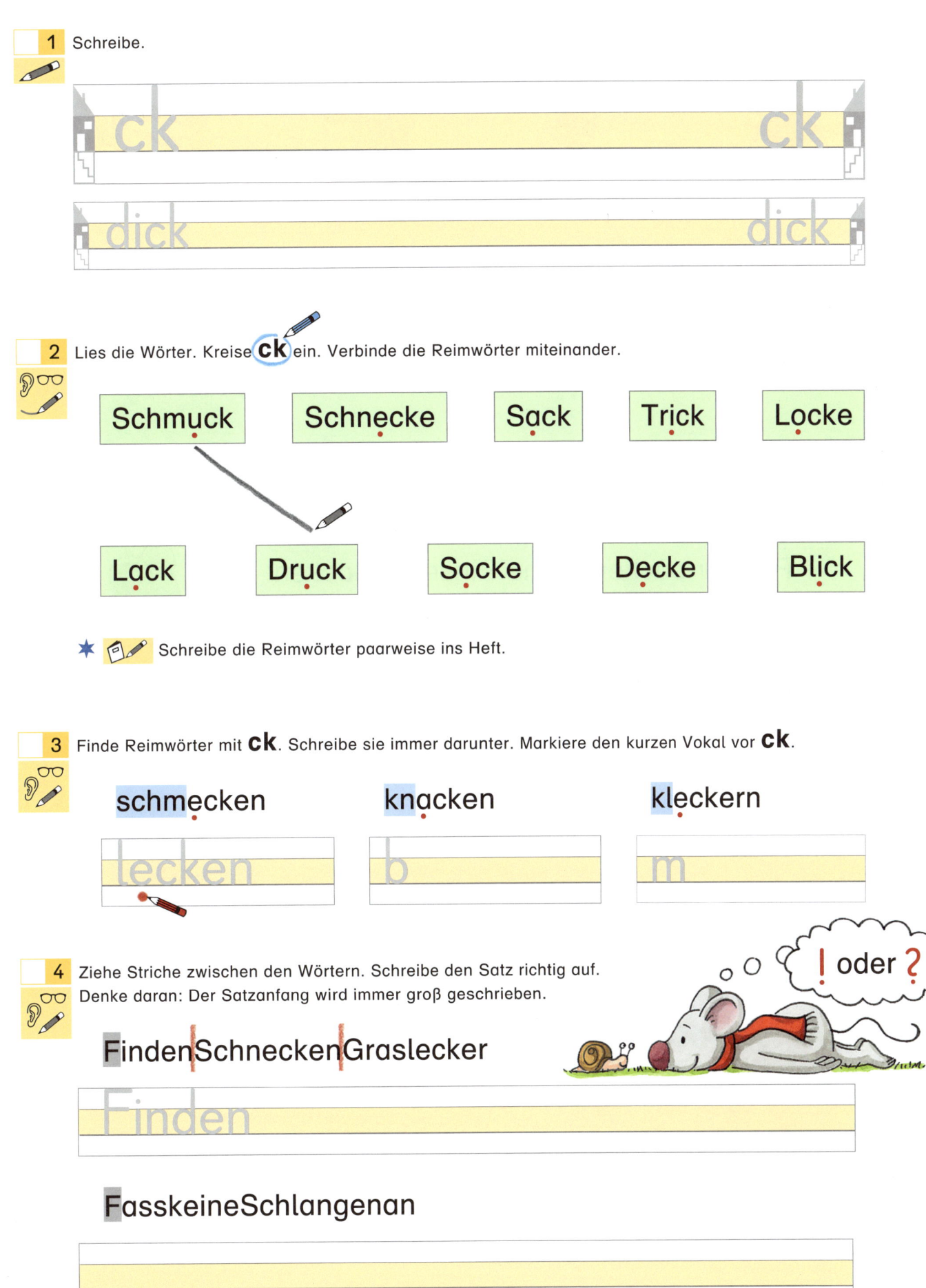 Schnecke

1 Schreibe.

ck ck

dick dick

2 Lies die Wörter. Kreise **ck** ein. Verbinde die Reimwörter miteinander.

| Schmuck | Schnecke | Sack | Trick | Locke |

| Lack | Druck | Socke | Decke | Blick |

★ Schreibe die Reimwörter paarweise ins Heft.

3 Finde Reimwörter mit **ck**. Schreibe sie immer darunter. Markiere den kurzen Vokal vor **ck**.

schmecken   knacken   kleckern

lecken   b   m

4 Ziehe Striche zwischen den Wörtern. Schreibe den Satz richtig auf.
Denke daran: Der Satzanfang wird immer groß geschrieben.

! oder ?

Finden|Schnecken|Graslecker

Finden

FasskeineSchlangenan

P p

Mein Name: _____

1 Sprich jedes Wort deutlich. An welcher Stelle hörst du **P p**? Kreuze an.

   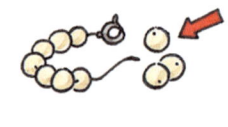

2 Schwinge die Silben und zeichne die Silbenbögen. Markiere **a**, **e**, **i**, **o**, **u** und **ei**.

Pirat   Palme   Park   Papagei

3 Lies die Sätze. Kreuze an, was stimmt.

> Das passt!

☐ Ein Paket kommt mit der Post.

☐ Partner packen gerne Pinsel in Socken.

☐ Opa ist Papas Papa.

☐ Eine Ampel schaltet auf Lila.

4 Fahre **P** und **p** mit verschiedenen Farben nach. Schreibe dann in die Zeilen.

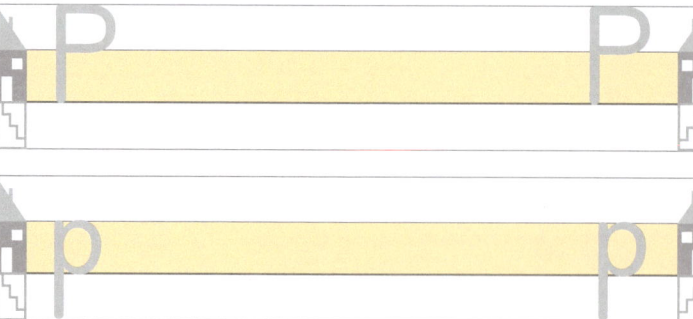

Opa

Raupe

Puppe

P p

Mein Name: _____

1 Setze Wörter aus den Silben zusammen.
Schreibe die Wörter in die Zeilen. Setze Silbenbögen darunter.

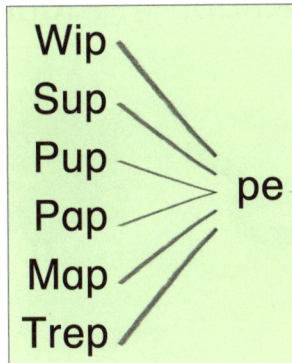

Wip
Sup
Pup
Pap
Map
Trep

pe

Wippe

2 Löst das Rätsel gemeinsam. Trage die Wörter in das Rätsel ein. Schreibe das Lösungswort auf.

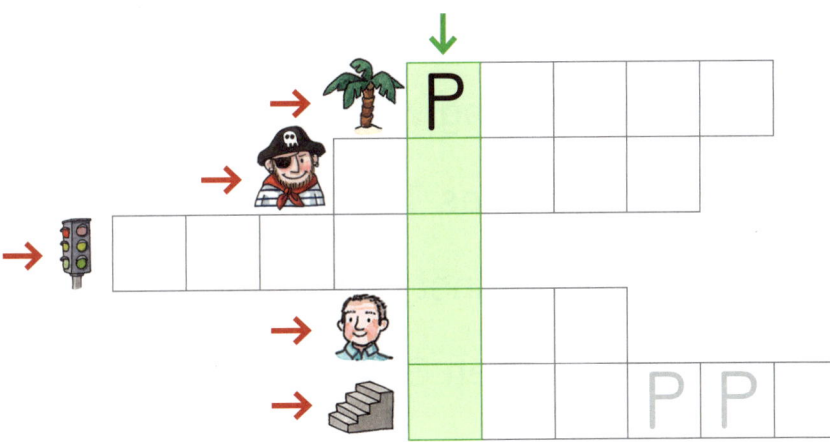

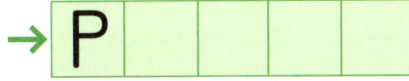

Meine tolle Reise

✴ Wohin bist du schon gereist? Lass deinen Partner lesen.

Pf pf

Mein Name:

 1 Markiere **Pf** und **pf** blau. Verbinde jedes Wort mit dem passenden Bild.

Kopf   Pferd   Pflaume   Pfau   Knopf   Pfanne

2 Was stimmt? Kreuze richtige Sätze an. ✦ 🗐 Schreibe die richtigen Sätze ins Heft.

☐ Pferde mampfen Pfannen.

☐ Pfauen pfeifen oft laut.

☐ Ein Schmetterling war einmal eine Raupe.

☐ Im April regnet es Telefone.

☐ Einen Apfel kannst du essen.

☐ Alle Onkel tragen Schafe auf dem Kopf.

3 Schreibe.

Pferd   Pferd

Kopf   Kopf

 4 Lest die Wörter. Bildet mit ihnen verschiedene richtige Sätze. Schreibe einen Satz oder eine Frage auf. Ein Satz beginnt immer mit einem großen Buchstaben. Denke an das Satzzeichen am Ende.

leckeres   ist   Apfelmus   im Topf

 **ie** **B<u>ie</u>ne**

Mein Name: _____

1 Markiere **ie**. Sprich jedes Wort deutlich. Schreibe die Nummer zum passenden Bild.

1 R<u>ie</u>se   2 Biene   3 Wiese   4 Fliege   5 sieben

☐   1   ☐   ☐   ☐

2 Trage ein und spure nach.

der oder **die** oder **das** ?

der Abend	Liebe	Biene
Fenster	Brief	Mutter
Wiese	Tier	Wort

3 Baue Wörter aus Silben. Streiche die benutzten Silben aus.

lie- sie- schie- flie- lie- ⟶ gen gen gen ben ben

sie liegen, sie _____

_____

4 Lest verschiedene Sätze. Schreibe drei Sätze in dein Heft.
Kontrolliere bei deinem Partnerkind Wort für Wort.

Die Riesen	singen	auf dem Riesenmaskenfest.
Die Tiere	toben	auf dem Apfelerntefest.
Die Fliegen	naschen	auf dem Sommermusikfest.

 **ß**  **Fu_ß_**

Mein Name: _____

1 Lies. Markiere alle **ß**. Lies die Geschichte einem Partner vor.

Glaubst du das?

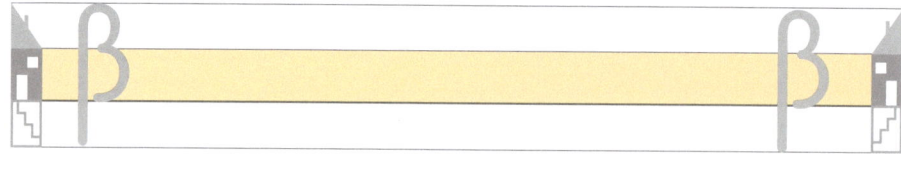

Draußen regnet es. Es gießt sogar.

Emre und Lotta reimen.

Lotta ruft: „Ist der Regen morgens blau,

sind wir abends superschlau."

Emre grinst und sagt:

„Tropft der Regen auf deinen Fuß,

schickt dir die Wolke einen Gruß!"

 Überlegt gemeinsam: Was kann man noch tun, wenn es draußen regnet?

2 Fahre **ß** nach. Schreibe.

β

Fuß

3 Welches Wort passt? Schreibe **groß** oder **weiß** neben die Bilder.

groß oder weiß ?

 groß

   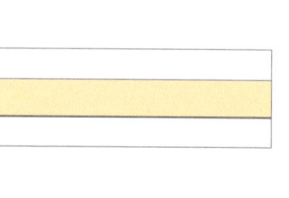  

72

ch

 Buch  **Milch**

1 Lies. Markiere alle **ch**

Krach in der Nacht

Es ist dunkel. Lukas liegt im Bett.

Er kann noch nicht schlafen.

Doch was ist das?

Faucht da nicht ein Drache am Fenster?

Schnell macht Lukas das Licht an.

Er will lieber noch ein Buch lesen, bis er einschlafen kann.

Schreibe: Warum bekommt Lukas Angst?

2 Schreibe.

ch — — — — ch

ich — — — — ich

leicht — — — — leicht

brauchen — — brauchen

3 Verbinde das Wort mit dem passenden Bild. Sprecht die Wörter deutlich. Was fällt euch auf?

Tuch   Dach   acht   Kuchen   Drachen   Buch

Kirche   Milch   Licht

ch  Buch Milch

Mein Name: _____

1 Was können Menschen gut? Was können Tiere gut? Verbinde!

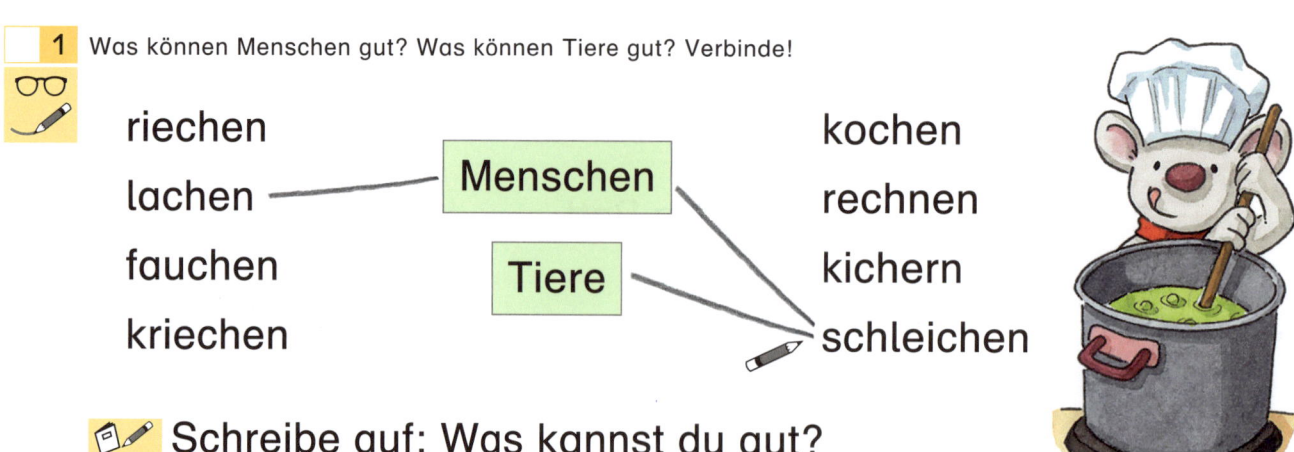

riechen   **Menschen**   kochen

lachen   rechnen

fauchen   **Tiere**   kichern

kriechen   schleichen

Schreibe auf: Was kannst du gut?

2 Schreibe zuerst in der Wir-Form, dann in der Ich-Form.

riechen   machen   suchen   kochen

wir riechen	→	ich rieche
wir	→	ich
	→	
	→	

3 Lies die Sätze. Male in das Bild, was du gelesen hast.

Michael riecht an einer roten Blume.

Auf der Decke liegt ein blauer Ball.

Neben Nina kriecht eine Schlange.

★ Lies die Namen dieser Kinder. Wie klingt das **Ch** am Anfang?

Christa   Christina   Chiara   Chris   Christian

74

© 2014 Oldenbourg Schulbuchverlag, München. Alle Rechte vorbehalten

chs  Fuchs

Mein Name: _____

1 Lies. Verbinde das Wort mit dem passenden Bild. Markiere alle **chs**.

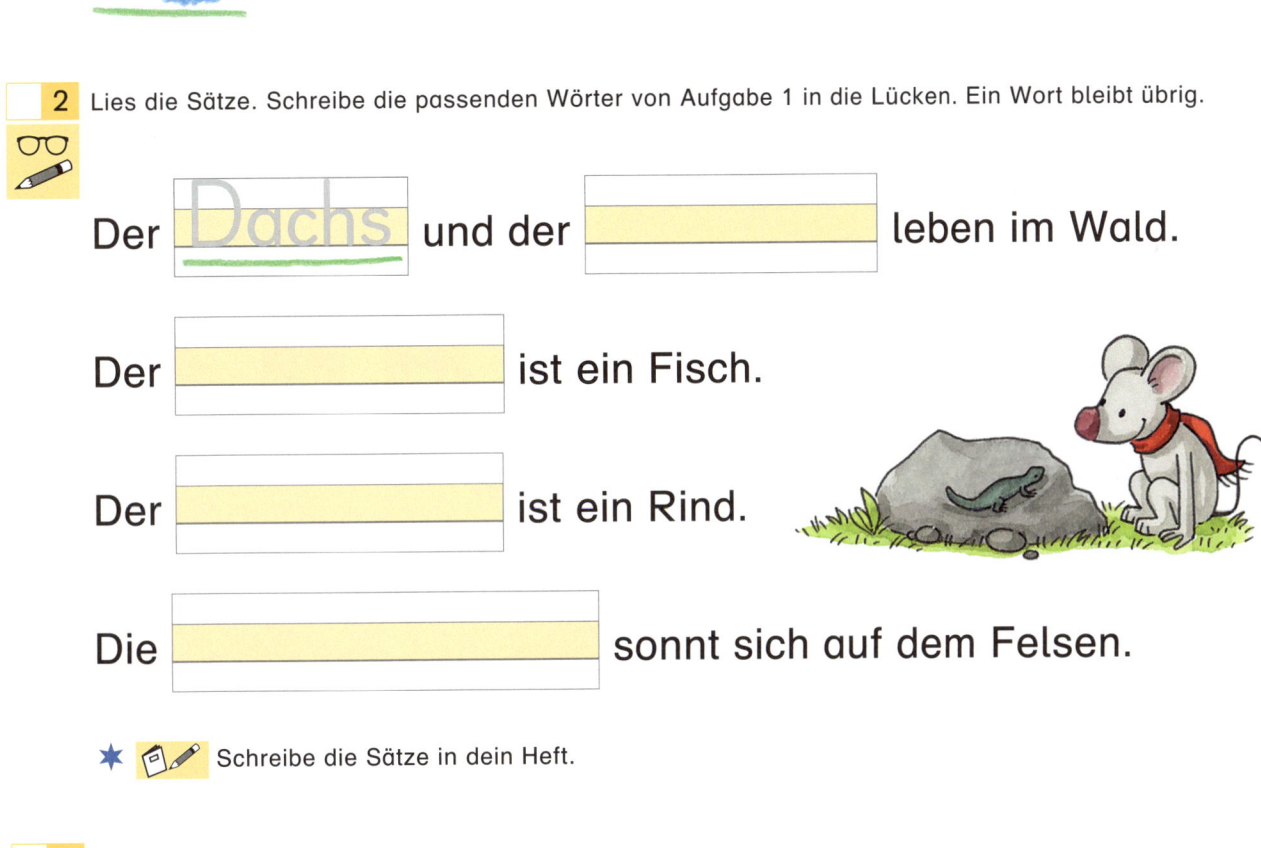

Dachs   Lachs   Fuchs   Ochse   Eidechse   sechs

2 Lies die Sätze. Schreibe die passenden Wörter von Aufgabe 1 in die Lücken. Ein Wort bleibt übrig.

Der _Dachs_ und der _____ leben im Wald.

Der _____ ist ein Fisch.

Der _____ ist ein Rind.

Die _____ sonnt sich auf dem Felsen.

★ Schreibe die Sätze in dein Heft.

3 Schreibe passende Reimwörter auf.

 Wachs _____

 Luchs _____

4 Lies die Sätze. Male in das Bild, was du gelesen hast.

In dem Topf wachsen sechs Blumen.

Eine ist blau und eine ist rot.

Male die anderen so, wie du willst.

★ Sammle mit einem Partnerkind sechs Blumennamen und schreibe sie auf.

 **H h**

Mein Name: _____

1 Sprich jedes Wort deutlich. An welcher Stelle hörst du **H h**? Kreuze an.

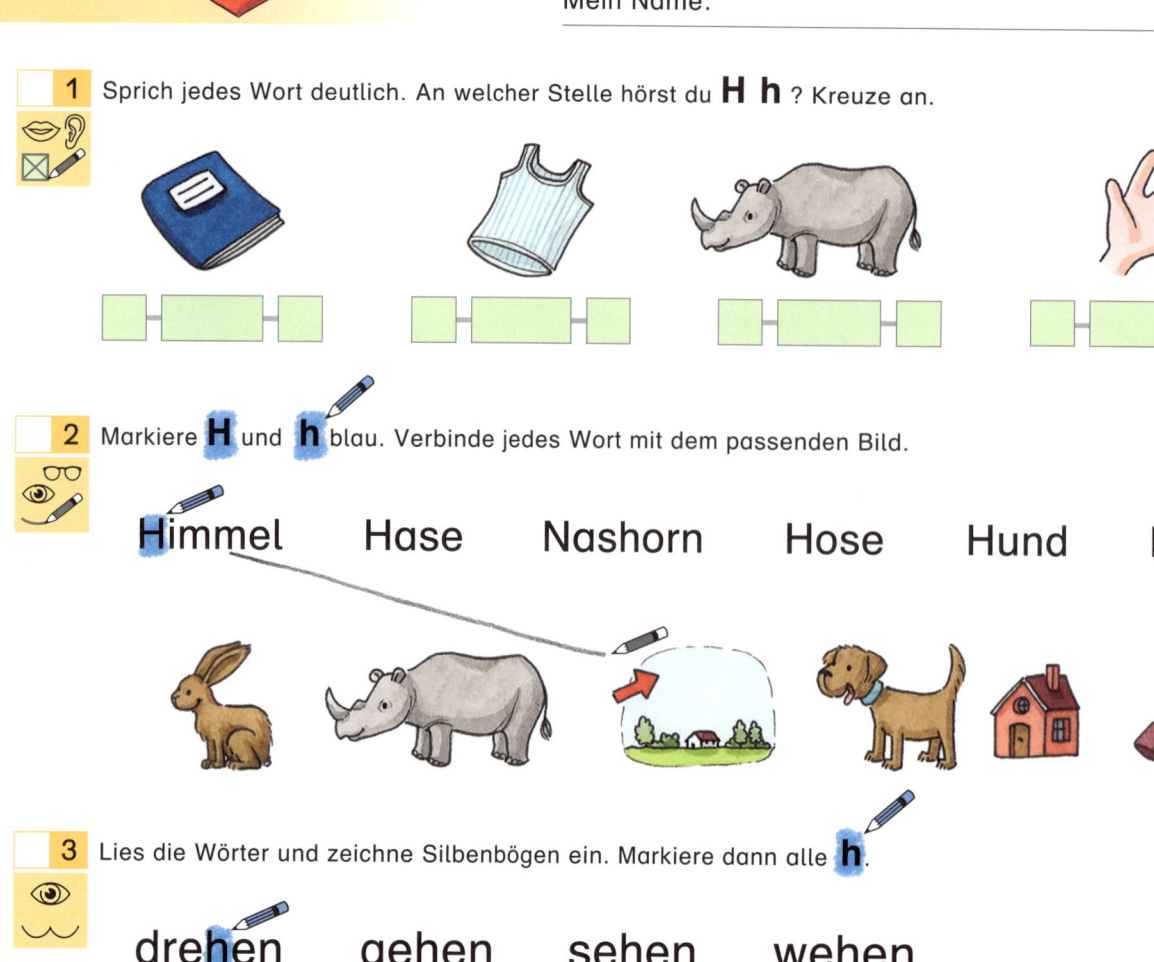

2 Markiere **H** und **h** blau. Verbinde jedes Wort mit dem passenden Bild.

Himmel   **Hase**   **Nashorn**   **Hose**   **Hund**   **Haus**

3 Lies die Wörter und zeichne Silbenbögen ein. Markiere dann alle **h**.

 **drehen**   **gehen**   **sehen**   **wehen**

4 Was stimmt? Überlegt gemeinsam. Kreuze richtige Sätze an.

☐ Ein Hase rennt schneller als ein Igel.

☐ Hunde leben im Wasser.

☐ Hasen hoppeln oft durch Felder.

☐ Schneehasen sind im Winter weiß.

☐ Rehe haben keine Haare.

★ Schreibe die richtigen Sätze in dein Heft.

Ich suche immer das Gegenteil.

5 Verbinde die Gegensatzpaare.

gerade   heiß   dumm   hart

hoch   krumm   langsam   klug

kalt   tief   weich   schnell

H h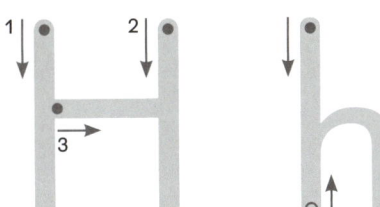

Mein Name: _____

1 Fahre **H** und **h** mit verschiedenen Farben nach.
Schreibe **H** und **h** daneben.

1 ↓ 2 ↓ H ↓ h
     →3

> *Der Kaiser Kai,*
> *der reimt im Mai:*
> *„Ich bin kein Hai.“*

2 Schreibe.

Hh .... Hh

Hase .... Hase

hoch .... hoch

3 Lies die Wörter. Markiere **ah eh Oh oh Uh uh**.

K**uh** Lehrerin Ohr Fahne
Uhr Fehler Schuh Sahne
Huhn fahren nehmen
wohnen fehlen froh

> Manchmal
> kannst du das h nicht hören.
> Der Vokal davor klingt
> aber immer lang.

★  Suche dir zwei oder mehr Wörter aus.
Schreibe zu jedem Wort einen Satz ins Heft.

4 Kennst du diese Märchen? Erzähle eines davon deinem Partnerkind.

★ Spielt eine Szene aus einem Märchen nach.

77

Ä ä

1 Lies die Wörter. Markiere alle **Ä** und **ä** gelb. Was magst du? Kreise ein.

Bären   Märchen   Rätsel   Mädchen   (Käse)

Käfer   Ärger   Lämmer   Äpfel   Äffchen

2 Schreibe Einzahl und Mehrzahl.

die Hand   die Hände

d__ Glas   _____

Ast   _____

Apfel   _____

3 Schreibe das passende Wort unter das Bild.

warm → wärmer   kalt → kälter   lang → länger   alt → älter

warm   _____

_____   _____

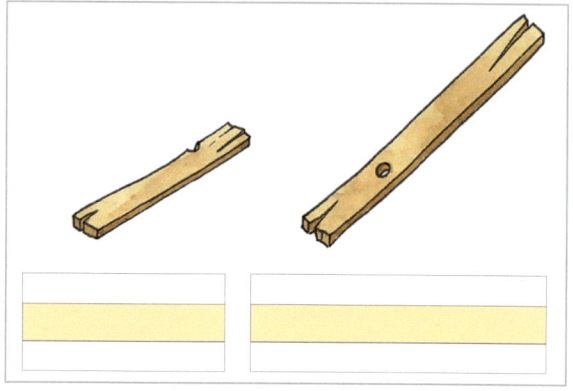

_____   _____

_____   _____

Ö ö

1 Lies zuerst die Wörter. Lies dann die Sätze.

Setze die richtige Verbform ein. Markiere die Endung.

föhnen	trösten	hören	lösen

Nasse Haare **föhne** ich.

Ich _____ mit den Ohren.

Ich _____ traurige Kinder.

Ein Rätsel _____ ich.

2 Schreibe Einzahl und Mehrzahl.

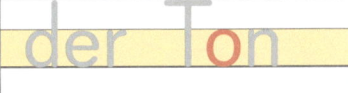 der Ton  die _____

 d__ Korb  _____

Wort _____Wort_____ Wort Wort _____

3 Was findest du schön? Was findest du blöd? Schreibe auf.

Das finde ich blöd:

_____

_____

_____

 Erklärt einander genau, warum ihr etwas blöd findet.

Ü ü

1 Welcher Satz ist sinnvoll? Überlegt gemeinsam. Kreuze an. Markiere alle **ü**.

☐ Nach dem Winter kommt der Fr**ü**hling.

☐ Mit dem Füller können Löwen schreiben üben.

☐ Am Geburtstag wünschen sich Kinder Geschenke.

☐ Gemüse und Blüten müssen immer grün sein.

☐ Wir dürfen keinen Müll auf den Pausenhof werfen.

★ Schreibe die richtigen Aussagen in dein Heft.

2 Schreibe Einzahl und Mehrzahl. Zeichne Silbenbögen.

das Tuch — die _____

d__ Hut — _____

Buch — _____

3 Welche Wörter findest du in den Kästen? Kreise sie ein. Schreibe die Wörter ins Heft.

 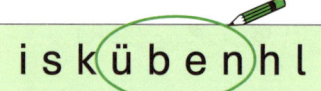

i s k ü b e n h l	r F l ü g e l ö Ä	h p m l ü g e n i
M g r ü n Ö ä ü	r s M ü c k e T i	N Ü D L ü c k e
B r ü c k e g s l	H i ü R ü b e K l	f s k ü m ü d e ä

★ Was kennst du, das grün ist?
Schreibe ins Heft.

St st ⭐

1 Lies die Wörter. Markiere alle **St** und **st** blau.

der Stein   der Stern   die Stunde   der Stuhl

steigen   stellen   stoßen   stehen   streicheln

stark   steif   still   streng   steil

> Ich sage scht, aber ich schreibe st.

2 Was passt? Schreibe richtige Aussagen auf.
Kontrolliere bei deinem Partnerkind.

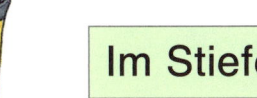

Am Tisch	steht ein Haus.
In der Steckdose	steckt ein Stock.
Am Strand	steckt ein Stecker.
Im Stiefel	steht ein Stuhl.

Am Tisch

_____

_____

_____

_____

 ⭐ Was kannst du mit Steinen machen?
Schreibe in dein Heft.

81

Sp sp

1 Lies die Wörter, wie man sie spricht. Markiere alle **Sp** und **sp** blau.

Spagetti   der Spiegel   der Sport

die Spinne   das Spiel   der Spaß

springen   spielen   sparen

sprechen   spucken

Ich spreche schp, aber ich schreibe sp.

2 Löst das Rätsel gemeinsam. Ihr findet alle Wörter in Aufgabe 1.

Trage die Wörter in das Rätsel ein.

Schreibe das Lösungswort aus den grünen Kästen auf. Male es daneben.

Lösungswort

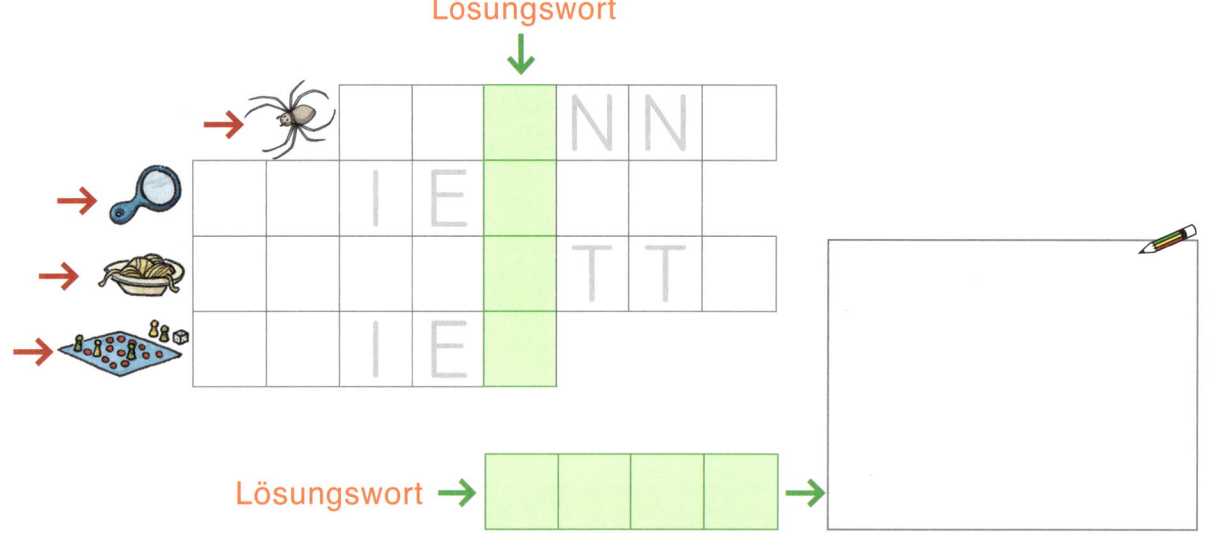

Lösungswort →

3 Was ist was? Schreibe richtige Aussagen ins Heft.

Spagetti ...	sind Tiere mit acht Beinen.
Spinat ...	ist ein Land am Meer.
Spinnen ...	sind lange, dünne Nudeln.
Spanien ...	ist ein grünes Gemüse.

4 Erzählt einander: Was ist euer Lieblingsspiel?

Schreibe auf, wie es heißt.

Z z

Mein Name: _____

 1 Sprich jedes Wort. An welcher Stelle hörst du **Z z**?

 2 Kreise zuerst alle **Z** und **z** ein. Kannst du das ganz schnell lesen?

Zehn Ziegen zogen zwei Zentner Zucker zum Zoo.

 3 Was gehört zusammen? Ziehe einen Strich zwischen Wörtern und Bildern.

| zwei Zahlen |
| zwei schwarze Ziegen |
| ein Zahn mit Wurzel |
| der Zeiger einer Uhr |
| eine Pflanze mit Wurzel |
| eine Dose mit Salz |

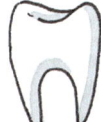

  4 Lest genau und überlegt gemeinsam: Was stimmt?

☐ Ein Einkaufszettel zeigt mir, womit ich bezahlen muss.

☐ Meine Zähne pflege ich mit Zahnbürste und Zahnpasta.

☐ Ich zähle zwölf Zehen an meinen Füßen.

☐ Die Zeit kann man in Minuten und Stunden messen.

☐ Der Löwenzahn ist eine Pflanze mit gelben Blüten.

★ Schreibe die richtigen Aussagen in dein Heft.

Z z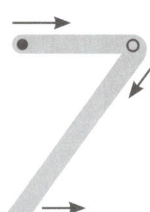

1 Fahre **Z** und **z** mit unterschiedlichen Farben nach. Schreibe **Z** und **z** daneben.

2 Schreibe.

Z z

Zeit

zählen

zeigen

3 Was gehört wozu? Überlegt gemeinsam.
Schreibe die Wörter in die richtige Spalte.

Sind zwei Zitronen plus zehn Zitronen zwanzig Zitronen?

Salz   Zucker   zwei   Zitronen
zehn   zwölf   Zimt   zwanzig

Lebensmittel	Zahlen
Salz	

Mein Name: _____

1 Lies die Wörter. Markiere alle **tz**.

Male die Reimpaare immer mit der gleichen Farbe an.

| Blitz | Spitze | Katze | Spatz | Mütze | Schmutz |

| Spritze | Sitz | Pfütze | Satz | Glatze | Schutz |

2 Lies zuerst die Wörter, dann die Sätze.

Setze die richtigen Wörter in die Sätze ein.

platzen   kratzen   sitzen

Eine Katze kann _____ .

Ein Luftballon kann _____ .

Auf einem Stuhl kann ich _____ .

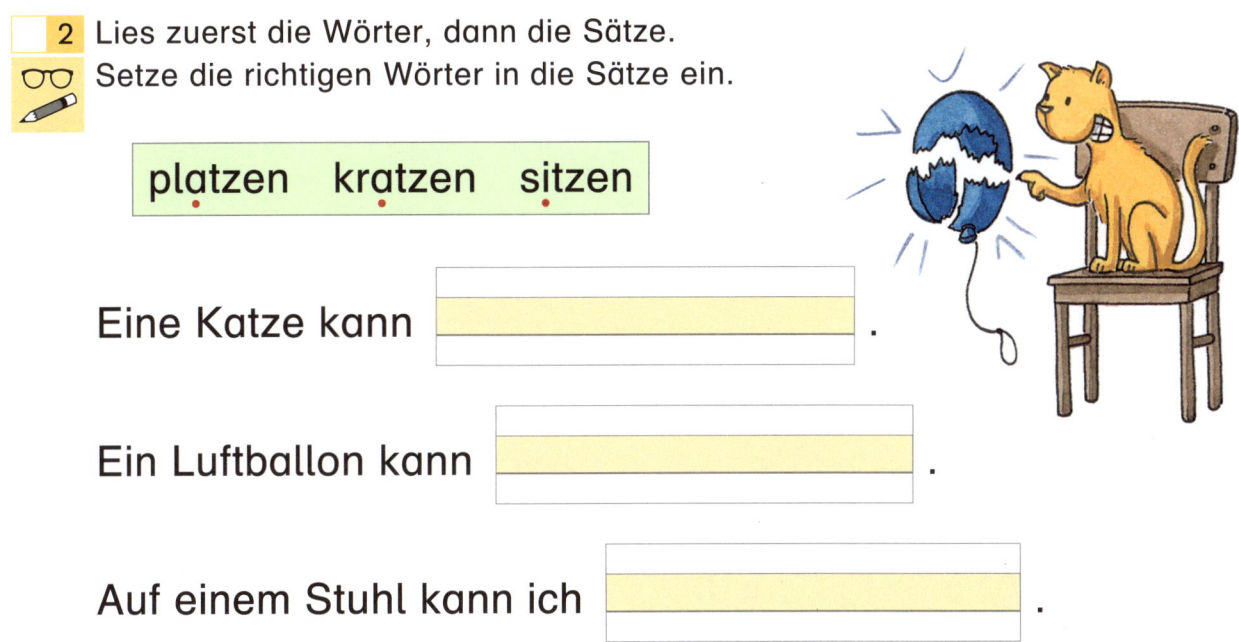

3 Baue Wörter aus den Wortteilen. Schreibe die Wörter auf.

S W Bl	itz

Sitz, _____

S Sp Pl Sch	atz

_____

_____

★ Schreibe Sätze mit Wörtern aus Aufgabe 2 und 3
in dein Heft.

85

Eu eu

Mein Name: _____

1 Lies die Wörter. Markiere **Eu** und **eu**.

Ordne dann die Wörter dem passenden Bild zu.

Scheune   Feuer   Kreuz   Euro   Eule   Heu

2 Schreibe nun die Wörter aus Aufgabe 1 mit **der**, **die** oder **das** auf.

die Scheune,

_____

_____

3 Zeichne die Silbenbögen. Prüfe die Silbenbögen mit deinem Partnerkind.

Leute   Freund   Euro   Heu   Feuer   neun

heulen   neu   teuer   heute

Bilde Sätze mit einigen Wörtern:

Mein Freund

_____

_____

_____

★ Schreibe einen netten Satz an einen Freund oder eine Freundin.

Mein Name: _____

1 Du schreibst nur wenige Wörter mit **V** oder **v**.

 Diese Wörter musst du dir merken.

Lies die Wörter. Markiere alle **V** und **v** blau.

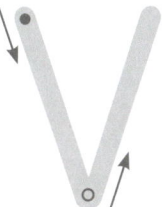 Vater Vogel voll viel vier vor von

Pass auf! Hier klingen **V** und **v** anders!

Lies die Wörter. Markiere alle **V** und **v** violett.

 Vase November Villa Klavier Vampir Advent

2 Fahre **V** und **v** in verschiedenen Farben nach. Schreibe **V** und **v** daneben.

3 Löst das Rätsel gemeinsam. Trage die Wörter in das Rätsel ein.

Schreibe das Lösungswort auf. Male es.

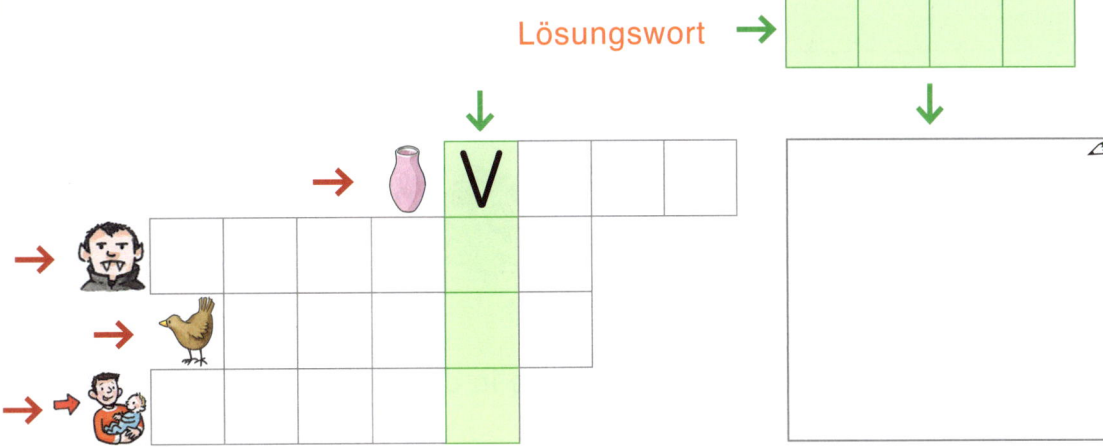

Lösungswort →

V v

Mein Name: _____

1 Lest die Sätze. Überlegt gemeinsam, was stimmt. Kreuze an.

☐ Ein Vogel hat vier Flügel.

☐ Eine Villa ist ein großes Haus.

☐ Auf einem Klavier gibt es viele Tasten.

☐ Viele Vampire essen gerne Schokoladenkuchen.

2 Bilde mit den Silben **vor-** und **ver-** neue Wörter.

| ver- | vor- | | laufen | sprechen | lesen | schreiben |

vor*lesen*

ver

3 Baue Wörter mit **Vogel-** am Anfang. Schreibe sie auf.

Vogel-

Vogelnest

★ Schreibe zu den Wörten eine Geschichte in dein Heft.
Du musst nicht alle Wörter verwenden.

Äu äu  **B**äume

Mein Name: _____

1 Setze die Wörter in die Mehrzahl. Unterstreiche **au** und **äu**.

| Baum | Traum | Maus | Bauch | Haus |

ein B**au**m → viele B**äu**me

→

→

→

→

2 Lies die Sätze. Bei allen Bildern fehlt etwas. Male es dazu.

Neben dem Haus
stehen vier Bäume.

Die Kinder entdecken
im Wald zwei kleine Häuser.

Mimi schläft auf einem
lila Kissen und träumt.

Vor dem Verkäufer
steht eine grüne Vase.

Mein Name:

1 Welches Wort passt nicht zum Satz? Streiche das falsche Wort durch.

Lina | räumt / schäumt | heute ihr Zimmer auf.

Lukas hängt seine Hängematte zwischen zwei | Bäuche / Bäume |.

Katzen fangen gerne | Läuse / Mäuse |.

Eine gute | Läuferin / Käuferin | kann lange laufen.

2 Mimi hat einen schönen Traum. Schreibe.
Wie gefällt die Geschichte deinem Partnerkind?

Spielt Mimis Traum mit anderen Kindern nach.

J j

Mein Name: _____

 1 Sprich jedes Wort deutlich. Wo hörst du **J** oder **j** ? Kreuze diese Bilder an.

☐   ☐   ☐   ☐   ☐   ☐

2 Kreise alle **J** und **j** ein. Lies den Satz deinem Partner ganz schnell vor.

> **Jedes Jahr im Januar trägt Jäger Jakob japanische Jacken und jodelt.**

3 Fahre **J** und **j** in verschiedenen Farben nach. Schreibe **J** und **j** daneben.

   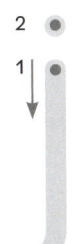

J j   J j

ja   ja

Junge   Junge

4 Markiere alle Monate mit **J** . Schreibe zu diesen Monaten je einen Satz.

> **Januar Februar März April Mai Juni**
> **Juli August September Oktober November Dezember**

★ Schreibe Sätze zu den anderen Monaten in dein Heft.

Mein Name: _____

1 Was stimmt? Schreibe **ja** oder **nein** neben die Sätze.

	ja oder nein?
Jens ist ein Jungenname.	↓
Jasmin ist ein Jungenname.	
Im Juni und Juli ist es meist sehr warm.	
Alle Kinder jubeln, wenn sie traurig sind.	

2 Lest zusammen lustige oder sinnvolle Sätze. Schreibe einige davon auf. Kontrolliert gemeinsam. Lest den lustigsten Satz der Klasse vor.

Der Jäger	trinkt	einen Hasen.
Ein Junge	kauft	Jogurt.
Julia	isst	Johannisbeersaft.
Anton	jagt	eine blaue Jacke.

Qu qu

Mein Name: _____

1 Markiere alle **Qu** und **qu** blau. Verbinde jedes Wort mit dem passenden Bild.

Quark   Quelle   Aquarium   Quadrat   Quartett

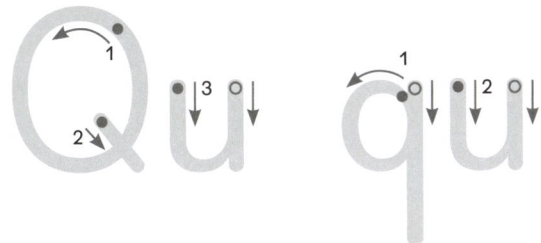

2 Fahre **Qu** und **qu** in verschiedenen Farben nach.
Schreibe **Qu** und **qu** daneben.

3 Lies die Wörter. Schreibe zu jedem Satzzeichen einen richtigen Satz.
Der Satzanfang wird immer groß geschrieben.

| viel | oft | Mimi | Quatsch | redet |

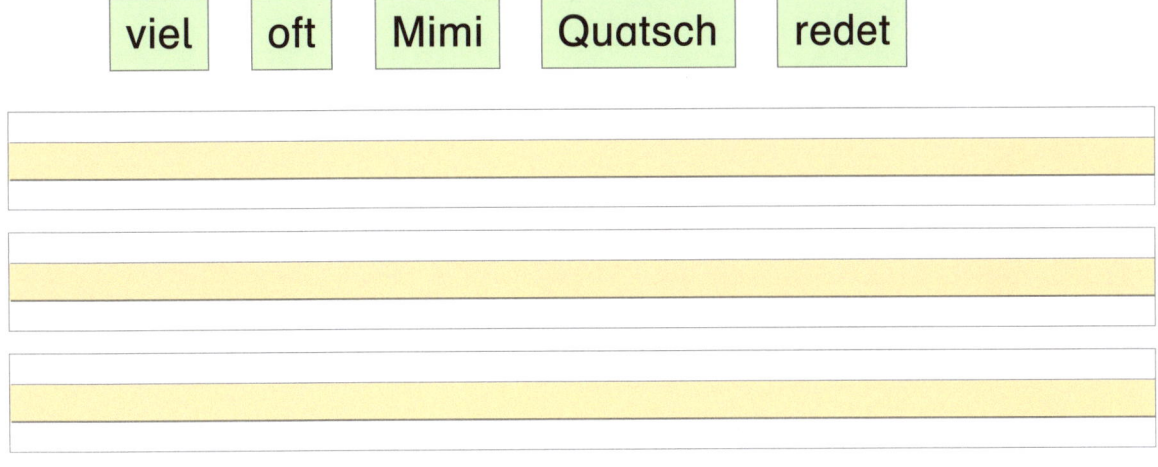

Lass dein Partnerkind kontrollieren.

Y y 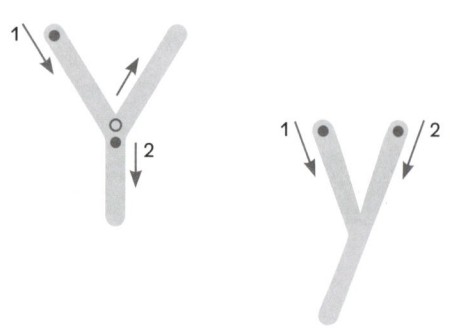 Yak Pyramide Baby

1 Fahre **Y** und **y** in verschiedenen Farben nach. Schreibe **Y** und **y** daneben.

Y   Y

y   y

Yeti   Yeti

Baby   Baby

2 Lies die Wörter. **Y** und **y** können verschieden klingen.
Wie klingen sie in diesen Wörtern? Schreibe sie in die richtige Zeile.

Teddy	Pyramide	Gymnastik
Yoga	Handy	Pony	Baby	Yak

 **i**   Teddy

ü

j

C c 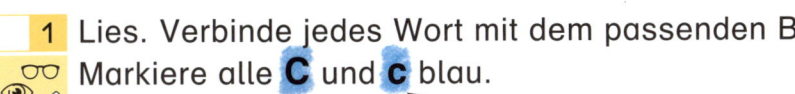 Computer Cent

Mein Name: _____

 1 Lies. Verbinde jedes Wort mit dem passenden Bild.
Markiere alle **C** und **c** blau.

| das Camping | der Comic | die CD |

| der Cent | der Cowboy | der Clown |

💬 Meistens klingt das **C** wie **K**.
In manchen Wörtern klingt es aber auch anders.
Sucht gemeinsam diese Wörter heraus. Wie klingt das **C** darin?

✏️ **2** Schreibe.

C c   C c

Cent   Cent

Clown   Clown

Computer   Computer

👓✏️ **3** Lies die Wörter. Unterstreiche Jungennamen blau und Mädchennamen rot.

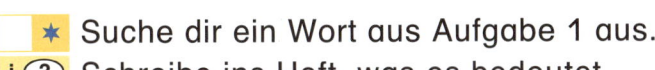
Claus   Clown   Cornelius   Comic   Marco

CD   Cent   Nicole   Camping   Maracuja   Claudia

Computer   Corinna

⭐ Suche dir ein Wort aus Aufgabe 1 aus.
ℹ️💬 Schreibe ins Heft, was es bedeutet.

X x

 **Hexe**

Mein Name: _____

 1 Lies. Markiere alle **X** und **x** blau.

Xenia, die Schulhaushexe,

ist sehr klein mit schwarzem Haar,

hext in unserm Klassenzimmer

und ruft: „Ach, wie wunderbar!"

Flexia, die Wetterhexe,

hext den Regen, hext den Schnee,

fegt auf ihrem Hexenbesen

über Felder, Berg und See.

Lies deinem Partnerkind
das Gedicht vor.
Achte auf die Betonung.
Wie gefällt dem anderen Kind
dein Vortrag?

2 Fahre **X** und **x** in verschiedenen Farben nach.

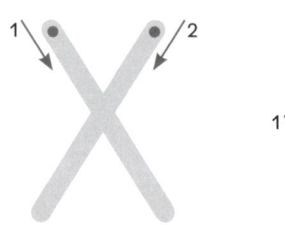

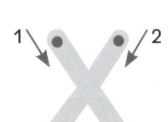

3 Schreibe die passenden Wörter zu den Bildern.

| der Mixer | die Nixe | das Xylofon | das Taxi |

4 Erfindet gemeinsam lustige Hexennamen oder Hexensprüche.
Schreibt sie ins Heft.

Viel Spaß
beim Lesen!

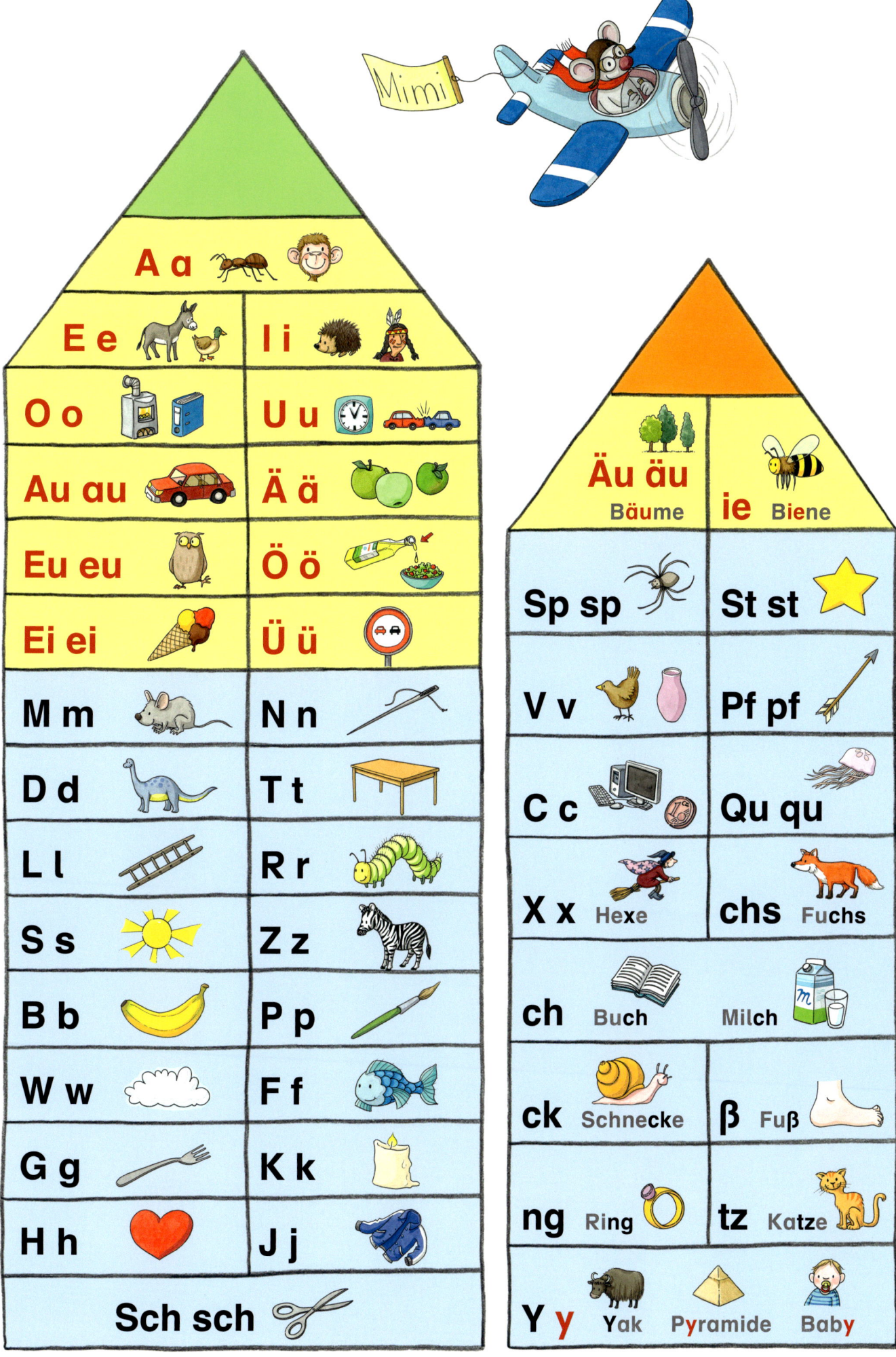

Mimi

A a

E e   **I i**

O o   **U u**

Au au   **Ä ä**

Eu eu   **Ö ö**

Ei ei   **Ü ü**

M m   **N n**

D d   **T t**

L l   **R r**

S s   **Z z**

B b   **P p**

W w   **F f**

G g   **K k**

H h   **J j**

Sch sch

Äu äu Bäume   **ie** Biene

Sp sp   **St st**

V v   **Pf pf**

C c   **Qu qu**

X x Hexe   **chs** Fuchs

ch Buch   Milch

ck Schnecke   **ß** Fuß

ng Ring   **tz** Katze

Y y Yak   Pyramide   Baby

220000489

So arbeitest du mit der Schreibtabelle

Was willst du schreiben?

Sprich deutlich und höre genau.

Lege für jeden Laut ein Steinchen.

Suche jeden Laut in der Tabelle.
Schreibe zu jedem Laut den passenden Buchstaben auf.

Korrigiere selbst oder zusammen mit einem Partnerkind.

Illustrationen: Sandra Reckers, Janina Görrissen

Ö Oldenbourg

ISBN 978-3-637-01808-2